Heribert Rau

Mozarts Kindheit

Eine prosaische Biographie in vier Bänden - Band 1

EUROPÄISCHER
HOCH
SCHUL
VERLAG

Rau, Heribert

Mozarts Kindheit
Eine prosaische Biographie in vier Bänden - Band 1

ISBN: 978-3-86741-400-5

Auflage: 1
Erscheinungsjahr: 2010
Erscheinungsort: Bremen, Deutschland

Bei diesem Titel handelt es sich um den Nachdruck eines historischen, lange vergriffenen Buches aus dem Verlag Meidinger, Frankfurt a. M. (1858). Da elektronische Druckvorlagen für diese Titel nicht existieren, musste auf alte Vorlagen zurückgegriffen werden. Hieraus zwangsläufig resultierende Qualitätsverluste bitten wir zu entschuldigen.

Mozart.

Ein Künstlerleben.

Cultur-historischer Roman

von

Heribert Rau.

Erster Band.

Frankfurt a/m.
Verlag von Meidinger Sohn & Comp.
1858.

Vorwort.

"Ich drücke meinen vollen, frohen Kranz
"Dem edlen Meister auf die hohe Stirne!"

sagt Göthe in seinem "Tasso," und mit diesen Worten
unseres größten Dichters ist auch der erste und tiefste Be-
weggrund ausgedrückt, der dem vorliegenden Buche das
Leben gab. Es entsprang einer Verehrung, einer innigen
Begeisterung für Mozart, den liebenswürdigen Menschen,
den erhabenen Meister der Töne.

Aber sind denn diesem Heros der Tonkunst nicht schon
auf dem Gebiete der Literatur würdige Denkmale gesetzt?
— Gewiß! — gab uns doch gerade die neuere und neueste
Zeit: "Mozart's Leben" von Alexander Dulibicheff
und das ausgezeichnete Werk gleichen Titels von Herrn
Professor Dr. Jahn. So vortrefflich nun aber auch diese
Werke sind, namentlich das Letztere, so haben sie doch un-
streitig einen ganz anderen Zweck, als das vorliegende Buch.
Beide sind im strengsten Sinne des Wortes "musikalische
Werke," die sich überwiegend mit der Analyse der Ton-
schöpfungen Mozarts befassen; die demnach aber auch
nur für Leser geschrieben sind, welche, im höheren Sinne,
zu den musikalisch Gebildeten zählen. Ihr Zweck ist also
ein rein artistisch-wissenschaftlicher.

Die Aufgabe des vorliegenden Buches ist dagegen eine
andere. Ohne alle Pretentionen auftretend, soll es — in
der freundlichen, allgemein zugänglichen Form des Ro-

manes — der deutschen Nation im Allgemeinen einen ihrer größten und herrlichsten Söhne näher führen, und damit der Liebe, der Verehrung und der Begeisterung für Mozart und seine Werke neue Nahrung geben, so wie den Sinn für die Schönheiten seiner Schöpfungen schärfen. Für Diejenigen, die alsdann noch tiefer in die musikalische Analyse eindringen wollen, weist es stets auf die betreffenden Stellen in den Werken Oulibicheff's und Jahn's hin. Zugleich führt es aber auch, die höhere Aufgabe des historischen Romans festhaltend, in die Geschichte und in die Culturzustände der damaligen Zeiten ein, sich bemühend, ein treues Bild derselben vor den Augen des Lesers zu entrollen.

Das ist der Zweck des vorliegenden Werkes und die Aufgabe, die es sich gestellt hat. Vielleicht wird dabei auch ein wenig das Gewissen des deutschen Volkes erschüttert, das seinen Heroen, — seinen edelsten und herrlichsten Söhnen — so gerne Monumente setzt, wenn es sie erst... hat untergehen lassen.

Und so mögen denn recht Viele diese Blätter aufschlagen und mit Lust und Liebe lauschen, was sie erzählen, denn:

> „Aus alten Märchen winkt es
> Hervor mit weißer Hand;
> Da singt es und da klingt es
> Von einem Zauberland!"

Dies Zauberland aber ist das Reich der Töne, in welchem Mozart König war.

Frankfurt a/M.,
im März 1858.

Der Verfasser.

Inhalt.

I. Die Wunderblume.

(Mozart's Kindheit.)

Ein Geburtstag.

„Wie du nun wieder aussiehst, Wolfgangerl!“ — rief die Frau Vice-Capellmeister Mozart ihrem drei=jährigen Söhnchen zu, indem sie ihm mit mütterlicher Sorgfalt die Kleider abstaubte und den gefältelten Hemd=kragen, der die offene Brust des Kindes sehen ließ, zurecht=zupfte. „Wie, um aller Heiligen Willen, kommt denn nur der viele Sand in dein Haar? Deine Schwester hat dich doch erst so schön gekämmt, und heute ist Vaters Geburtstag!“

„Ja, Mama, ich und Schachtner's Andres haben Purzelbäume geschlagen!“ — sagte Wolfgang ernsthaft und schaute die Angeredete so offen und kindlich an, daß die leisen Falten, die sich auf der hohen Stirne der Frau Vice-Capellmeister zusammen gezogen, rasch ver=schwanden.

„Purzelbäume!" — wiederholte mit mühsam unter-
drücktem Lächeln die Mutter und gab dem Schelmenge-
sichtchen einen scherzhaften Streich auf die Wange: —
„Wie kann man nur Purzelbäume machen, wenn man seine
schönen Sonntagskleider an hat. Weißt du nicht, daß
diese dem Vater so viel Geld kosten, und er das Geld dafür
mit Mühe und Sorgen verdienen muß?"

„Ja!" — rief das Kind und seine Augen feuchteten
sich, denn der Gedanke, den geliebten Eltern wehe gethan
zu haben, berührte sein zartes, empfängliches Gemüth peinlich: — „der Kopf ist ja nur auf die Erde gekommen, die
Beine waren immer in der Höhe."

„Und daher ist das ganze Haar voll Schmutz und
Sand und die Kleider sind bestaubt von unten bis oben."

„Nun, so mach' mir den Sand aus den Haaren!" —
rief der kleine Wolfgang — „und ich will es nicht mehr
thun. Aber" — setzte er bittend hinzu und lehnte sich
schmeichelnd an die volle, noch immer schöne Gestalt der
Mutter — „du bist mir doch nicht mehr böse, Mamachen?"

„Wenn du brav bist, gewiß nicht!" — entgegnete Frau
Mozart und drückte einen Kuß auf die Lippen des Kindes. Wolfgang aber sprang fort und rief seinen kleinen
Freund Andreas Schachtner wieder zu sich, der in der
anstoßenden Stube geblieben war.

„Was machen wir jetzt?" — frug er darauf diesen —
„wir sollen keine Purzelbäume mehr schlagen."

„Nun" — entgegnete Andreas — „so spielen wir
Schule."

„Recht!" — versetzte Wolfgang — „aber im andern Zimmer. Drüben ist's wärmer. Ich bin der Schulmeister und du gehst in die Schule. Nimm die kleine Bank, ich nehme die Tafel und die Kreide."

Andreas gehorchte. Als er aber in das andere Zimmer gehen wollte, hielt ihn Wolfgang am Arme fest und rief:

„Das geht nicht so! Stelle dich hinter mich! So — — und nun marschiren wir erst rings in dem Zimmer herum und dann hinüber, und ich singe den Marsch dazu."

Und der kleine Mann sang mit leuchtenden Blicken und kindlichem Stimmchen einen Marsch, den er erfand, und beide tappten im Takte mit den Füßen auf, daß der Staub in Wolken emporwirbelte.*)

Glücklicherweise war die Mutter in der Küche beschäftigt und Nannerl, die siebenjährige Schwester, half ihr; denn auf des Vaters Geburtstag sollte einmal eine Ausnahme in der sonst so streng geregelten und höchst bescheidenen Haushaltung gemacht werden. In der That verbreitete denn auch ein am Feuer stehender Braten seine Düfte durch das Haus, und eben jetzt schob die Frau Vice-Capellmeister seiner Erzbischöflichen Gnaden zu Salzburg einen prächtigen Kuchen in den Ofen.

Während dieser luxuriösen Vorbereitungen aber hatten sich die beiden Knaben in dem warmen Zimmer eingerichtet.

---

*) G. N. von Nissen: Biographie W. A. Mozarts S. 17. Otto Jahn: 1. Thl. S. 29.

1 *

Andreas saß auf der Erde und hatte eine Fußbank vor sich über seine ausgestreckten Beine gestellt, auf der die Schiefertafel lag. Wolfgang aber, als Lehrer, hatte bereits den ganzen Fußboden, die Stühle und Wände mit der Kreide bearbeitet und unförmliche Zahlen, die mehr Kratzfüße denn eigentliche Zahlen waren, in Masse auf denselben angebracht.*) Eben wollte er auch den alten mit Leder überzogenen Sessel im heiligen Eifer als Grundlage seiner Vorschriften benutzen, als die Schwester, das Tischzeug auf dem Arme, eintrat. Aber Messer und Gabeln und Tischtuch wären ihr bei dem Anblick des Zimmers beinahe aus den Händen gefallen. Sie stand im ersten Augenblicke wie versteinert, dann aber rief sie:

„Jesus Maria! Wolfgangerl, was hast du denn da wieder gemacht?"

Der Bruder sah sie erstaunt an und frug mit der vollsten Unschuld:

„Was denn, Nannerl?"

„Je nun, die Kreide!"

„Ich bin Schullehrer!" — entgegnete der Kleine mit komischer Würde — „und da muß ich vorschreiben und Zahlen machen."

„Aber doch nicht auf Fußboden, Stühle und Wände!" — rief die Schwester verzweifelt: — „Mama und ich haben

---

*) Jahn: I. Thl. 31. Andreas Schachtner: Brief vom 24. April 1792 aus Salzburg. Nissen. Oulibicheff u. s. w.

gestern fast die halbe Nacht durch gefegt, damit alles recht blank und schön heute sei, und nun . . . . ."

„Nun, ich will's wieder wegwischen!" — sagte Wolfgang; aber die Schwester warf nun wirklich das Tischzeug auf den Sessel und sprang herbei, denn der kleine Schulmeister machte Miene, die Stühle mit dem Aermel seines Sonntag-Kleides zu reinigen. Glücklicherweise kam ihm Nannerl noch zuvor, und indem sie ihn zurückschob, tilgte sie mit ihrer Schürze und einem herbeigeholten Schwamme die Spuren der kindlichen Schulweisheit.

Wolfgang, der jetzt erst überlegte, was er gethan, stand beschämt da und sah der Schwester schweigend zu. Aber es schmerzte ihn auch, daß er Nannerl betrübt und ihr doppelte Arbeit gemacht hatte.

Als diese daher mit dem Abwischen fertig war, trat er leise zu ihr hin, zupfte sie am Kleide und frug, wie er seiner Gewohnheit nach wohl zwanzigmal im Tage zu thun pflegte:

„Nannerl, hast du mich lieb?"

Aber die Schwester war in der That ärgerlich und sagte:

„Nein, wenn du solche Sachen machst, habe ich dich nicht lieb!"

Doch das war zu viel für das gefühlvolle Herz des Kindes. Rasch drehte es sich um, die Thräne nicht sehen zu lassen, die in seinem Auge glänzte, und indem es sich in eine Ecke des Zimmers setzte, brütete es schweigend und traurig vor sich hin. Da zerriß die Wolkendecke, die bis jetzt den winterlichen Himmel verdunkelt. Ein Sonnen-

strahl fiel in das kleine Zimmer, und wie er den Käfig
mit dem Canarienvogel traf, reckte dieser vergnügt das
Köpfchen, hüpfte einigemal munter von einem Stängchen
auf das andere und fing dann plötzlich an, aus voller Kehle
zu schmettern.

Aber was ist das? Warum verklären sich die Züge des
kleinen Wolfgang mit einemmal so wunderbar? Seine
Augen strahlen, seine Wangen röthen sich; — ein, weit
über sein kindliches Alter hinausgehender Ausdruck von
Begeisterung gibt seinen jugendlichen Zügen etwas ganz
Eigenthümliches, fast möchte man sagen „Ueberirdisches!"

Wolfgang, — der kleine, dreijährige Wolfgang ist
jetzt nur Ohr. Er lauscht dem Schmettern seines gefieder-
ten Lieblings und vergessen ist sein kleiner Kummer, vergessen sind Schwester und Spielgefährte, — vergessen ist
Alles um ihn her!

Es ist ein Kind, das hier den süßen Tönen lauscht;
— aber das innerste Wesen dieses Kindes ist so wunderbar
organisirt, daß Musik jede Faser seiner Nerven, seines Ge-
hirnes, freudig erbeben macht, daß seine Seele gleichsam
selbst Musik ist — die dunkle, noch verschwimmende Ahnung
einer das Weltall durchziehenden ewigen, göttlichen Harmonie!

Der kleine Wolfgang weiß noch nicht was Musik ist;
aber wo und wie sie sein Ohr trifft, elektrisirt sie ihn. Er
singt sich einen Marsch, wenn er sein Spielzeug trägt; —
er schwimmt in Entzücken, wenn sein Canarienvogel sich,
wie jetzt, hören läßt.

Aber der Vogel hat längst zu schlagen aufgehört; sein kleiner Spielgenosse Andreas hat sich nach Hause geschlichen; — — Wolfgang indessen sitzt noch unbeweglich in der Ecke des Zimmers und sieht und hört nicht; aber . . . . . er denkt, er träumt im wachen Zustande. Es klingt so etwas wie Märchen in ihm nach, — wie Märchen, die die gute Mutter ihm Abends vor dem Schlafengehen schon erzählt hat. Wolfgang träumt sich: er sei ein König, und sein Königreich heiße „Rücken,“ — und seine Einbildungskraft gebärt ihm ganz eigene Geschöpfe und Städte und Berge und Seen, welchen er phantastische Namen gibt.*) Auf seinem Haupte aber sitzt eine Krone und von ihr aus geht ein Glanz, der weit, weithin seine Strahlen wirft.

Lange sinnt und träumt der Knabe auf diese Weise, — und lange würde er noch still weiter geträumt haben, hätte ihn jetzt nicht ein Kuß aufgeschreckt. Erstaunt blickt er empor. Es ist die Schwester, mit dem treuen, lieben, freundlichen Gesicht. Rasch umschlingt er ihren Hals und seine erste Frage ist: „Hast du mich auch lieb?“

„Ja!“ — entgegnet jene herzlich, und beide halten sich innig umschlossen.

Es war eine schöne, liebliche Gruppe; aber der kleine unruhige, für alle Sinneneindrücke so zart organisirte Mensch, vermochte jetzt plötzlich einem andern Einflusse,

—

*) Carl Gollmick „W. A. Mozart.“ Nach biographischen Quellen bearbeitet.

als dem der Geschwisterliebe, nicht zu widerstehen. Es
war in der That komisch, wie sich — noch in den Armen
der Schwester und von ihren Küssen glühend — das Köpf=
chen hob, und die weit geöffneten Nasenflügel bekundeten,
daß Wolfgangerl auf dem Wege der Geruchsnerven die
gastronomische Thätigkeit der Mutter entdeckt. Freude
leuchtete aus seinen Zügen, und auf dem Schiffe des Colum=
bus konnte man nach der langen, gefährlichen und müh=
seligen Fahrt das Wort „Land!" nicht so begeistert und
triumphirend ausrufen, als der kleine Mozart jetzt rief:
„Es gibt Kuchen!"

„Ja," — sagte die Schwester lachend, — „und zwar
einen Geburtstagskuchen, denn wie du weißt, ist Papa
heute 49 Jahre alt."

„Freilich weiß ich es!" — entgegnete Wolfgang, —
„ich habe ja ein Gedichtchen dazu auswendig gelernt."

„Kannst du es denn noch?"

„Warum nicht."

„So sage es einmal."

„Ja!" — sagt der Kleine schlau lächelnd und mit ver=
langenden Blicken — „wenn du mir zuvor den Kuchen ge=
zeigt hast!"

„Du bist ein kleines Leckermäulchen!" — rief die
Schwester; aber sie nahm ihn doch bei der Hand und
führte ihn in das anstoßende Zimmer, woselbst mitten auf
dem reinlich gedeckten Tische ein prächtiger Kuchen stand.

Wolfgang, der so klein war, daß er kaum auf den
Tisch sehen konnte, postirte sich dicht vor denselben, erhob

sich auf die Zehen und betrachtete das gastronomische Kunst-
werk seiner Mutter mit einer Mischung von Ehrfurcht und
Lüsternheit. Noch aber zog er die süßen Düfte mit tiefen
Zügen ein, als sich die Thüre öffnete und beide Eltern in
derselben erschienen.

Der Vice-Capellmeister war ein schöner Mann, nicht
groß, aber von edlen Formen. Seine Kleidung war sehr
einfach, fast konnte man sagen ärmlich; aber dennoch war
sein Erscheinen ein stattliches, wozu der würdevolle Ernst
seiner wahrhaft edlen und schönen Züge, die hohe, gedanken-
volle, den Musiker auf den ersten Blick verrathende Stirne,
der kleine, fein geschlossene Mund und der sinnige Blick
der Augen nicht wenig beitragen mochten. Dabei war in
ihm der Deutsche von ächtem Schrot und Korn nicht zu
verkennen. Auch seine Gattin trug die Spuren großer
Schönheit, und bildete sich noch immer viel darauf ein, daß
sie beide einstens allgemein als das schönste Ehepaar in
ganz Salzburg gegolten. Freilich hatten seitdem viele und
schwere Sorgen, harte und häufige Schicksalschläge kleine
Furchen in beider Antlitz gezogen, aber die Liebe wenigstens
— auf gegenseitige Achtung gegründet — hatte nichts dadurch gelitten. Im Gegentheil, sie war doppelt erstarkt
im Feuer des Schicksals, inniger geworden durch so manche
trübe Stunden, die man gemeinsam durchgekämpft.

Darum war auch die Feier des heutigen Tages, so still
und einfach er begangen wurde, keine gekünstelte. Sie ging
vom Herzen und drang zum Herzen, und so gerade liebte
es Herr Leopold Mozart und er hielt viel auf solche

kleine Familienfeste, die dem häuslichen Leben, wie er sagte,
so nöthig seien, wie dem öffentlichen die Sonn- und Fest-
tage, und ihm Farbe, Licht und Wärme gäben. —

Mit sichtlicher Rührung nahm daher auch der im Leben so kalte und berechnende Mann die Glückwünsche der
Seinen hin. Wolfg'angerl aber ward auf einen Stuhl
gestellt und sprach, den offenen Blick mit kindlicher Liebe
auf den Vater gerichtet:

> Was schlägt mein Herz, so froh und laut
> Dem Tag, der freundlich niederthaut,
> Dem jungen Tag entgegen?
> Er grüßet mich in Gluth und Schein
> Und jubelt mir in's Herz hinein:
> „Ich bringe Glück und Segen!"
>
> Ja, Glück und Segen bringst du mir,
> Denn, schöner Tag, ich danke dir
> Des treuen Vaters Leben!
> Durch ihn ward mir ja Licht und Lust,
> Und Alles, was in Herz und Brust
> Mir Göttliches gegeben!
>
> Wie treu und lieb sein Auge spricht:
> „Vergiß des rechten Pfades nicht,
> „Laß Tugend uns verbinden!"
> Ja, Vater, ewig bleib ich dein,
> Und immer sollst du brav und rein
> Mein Herz im Leben finden!

Der kindliche Ton, mit welchem der Kleine dies schlichte
Gedichtchen gesprochen, der Ausdruck des theilweisen Ver-
ständnisses der aus der Art des Vortrages hervorging und

weit über die Jahre des Kindes hinausreichte, ergriffen Vater und Mutter so sehr, daß sie Wolfgang mit Thränen im Auge an ihr Herz drückten.

Eine außerordentliche Frühreife war hier nicht zu verkennen, und vielleicht hätte, gerade durch diese Erkenntniß geweckt, ein peinliches, beängstigendes Gefühl in dem Herzen der Eltern jetzt Platz gegriffen, wäre diese Stimmung nicht rasch durch eine ebenso kindliche als naive Aeußerung des Knaben verscheucht worden.

Noch auf dem Stuhle stehend, die kleinen Aermchen um den Nacken des Vaters geschlungen, die großen Augen auf diesen gerichtet, sagte er langsam: „Väterchen, ich hab' dich lieb, sehr lieb! und wißt ihr was, gleich nach dem lieben Gott kommt der Papa!"*)

Der Vater umarmte ihn; aber er konnte nichts sagen, als: „Behalte beide im Herzen und es wird dir wohlgehen!"

In diesem Augenblicke traten die Hofmusiker Adlgasser und Lipp — beide Freunde des alten Mozarts — ein. Die Mutter hatte sie zu Tisch gebeten, und, so wenig es sonst im Mozartischen Hause üblich war, Gäste zu sehen, so sehr trug diese Einladung heute zur allgemeinen Heiterkeit bei. Man scherzte, man sprach von Diesem und Jenem, und kam endlich auch auf die Verhältnisse zu reden, die alle Anwesenden berührten und die nichts weniger als angenehm erschienen.

---

*) Historisch.

Die anwesenden Männer waren ja sämmtlich in der Capelle des Fürst-Erzbischofs von Salzburg angestellt, von diesem aber unglaublich schlecht besoldet*) und in einer Weise behandelt, die es kaum begreifen läßt, warum sie den Erzbischöflichen Dienst nicht aufgaben. Aber es waren sämmtlich höchst bescheidene Naturen, und was sie anzog und hielt, war die Aussicht auf Versorgung der Wittwen, die Umgebung des Hofes und das behagliche und wohlfeile Leben in dem gemüthlichen, so romantisch gelegenen, von den herrlichsten Bergen umschlossenen Salzburg.

Freilich gehörte eine so unerschütterliche Ausdauer, ein so nie ermüdender Fleiß, eine so große Einfachheit und Sparsamkeit dazu, wie sie der alte Mozart besaß, um am Erzbischöflichen Hofe zu Salzburg auszuhalten. Nur die vielen und mühsamen Unterrichtstunden auf Violine und Clavier, die der Vice-Capellmeister, außer seinem Dienste bei dem Fürsten und in der Metropolitankirche, noch gab, und der kleine Verdienst, den ihm seine Compositionen abwarfen, machten ihm eine bescheidene Existenz möglich.

Davon war denn auch eben die Rede, als Adlgasser sagte:

„Wir müssen uns freilich alle schinden; aber Vater Mozart hat doch noch etwas Besonderes davon."

„Etwas Besonderes?" — wiederholte der Capellmeister — „das ich nicht wüßte."

---

*) Nissen: Seite 7. — Oulibicheff: Mozart's Leben. I. Thl. S. 5. Otto Jahn: W. A. Mozart. I. Thl. S. 10.

„Ei, ei, wie bescheiden!" — fuhr jener fort, — „ist denn der Ruhm und die Ehre nichts?"

„Und wo hätte ich die verdient?" — rief Leopold Mozart die Gläser der Freunde auf's Neue füllend — „etwa mit meinen Violinstunden?"

„Nein!" sagte Adlgasser — „die machen Euch zwar auch alle Ehre; was ich aber meine, das ist die Herausgabe Eurer trefflichen Violinschule, die so großes Aufsehen erregt.*)"

„Und bereits in's Französische und Holländische über=setzt ist!" — fügte Lipp hinzu.

„Nun" — versetzte Mozart, sich vergnügt die Hände reibend, — „ich würde lügen, wenn ich nicht eingestehen wollte, daß mich in der That der Erfolg dieses Unter=nehmens glücklich macht. Ich danke denn auch meinem Schöpfer alle Tage recht innig dafür, daß er mir so viel Sinn für Musik gegeben hat. Und meine Violine, o! über meine Violine geht mir — nach Frau und Kindern — nichts. Am reinsten spricht sich eben doch das Wesen der himmlischen Tonkunst in der Instrumentalmusik aus, da diese, jede fremde Beimischung verschmähend, der unge=trübteste Ausdruck der Seele ist. Kinder! wenn ich glück=lich bin, so jauchze ich meine Lust auf der Violine aus; — will ich beten, so recht innig beten, so geschieht es in den Glockentönen meiner Violine; — drückt mich die Sorge

---

*) Otto Jahn: W. A. Mozart I. Thl. S. 14, 22. Mar=purgs histor.=kritische Beiträge III. Thl. S. 160.

zu Boden, nun so weint sie mit mir oder sie tröstet mich, wie
ein von Gott gesandter Engel! — Und ist denn die Musik
nicht überhaupt die geheimnißvolle Sprache Gottes, die
die Brust jedes, für sie empfänglichen Menschen mit wun=
derbarer Allgewalt berührt? Ist sie nicht die Sprache, in
der der ewige göttliche Geist selbst in der Natur zu uns
Allen spricht, wenn der Frühling jubelt und der Sturm
heult, — wenn die Lerche schmettert und der tobende
Ocean in furchtbar erhabenen Accorden brüllt?"

„Ja, ja!" — rief Adlgasser mit leuchtenden
Augen — „es liegt ein wunderbarer Zauber in ihr.
Orpheus Lyra öffnete die Thore des Orcus! Welch'
tiefer Sinn ruht in dieser reizenden Sage der Griechen."

„Es liegt die hohe, beseligende Wahrheit darin" —
sagte Lipp: — „die Musik schließt dem Menschen ein
unbekanntes Reich auf, eine Welt, die nichts gemein hat
mit der äußern Sinnenwelt."

„Ja!" — rief Adlgasser — „eine Welt der
höchsten Sehnsucht, der heiligsten Liebe, des reinsten
Schmerzes, der göttlichsten Begeisterung!"

„So laßt uns dies Glas zu Ehren der holden Musika
leeren!" — fiel hier Vater Mozart ein. — „Glücklich
der, dem Gott Sinn und Empfänglichkeit für sie gegeben
hat. Ist er auch sonst ein armer Teufel, wie wir es alle
sind, nun, so gibt es doch Stunden, in welchen er sich,
durch die Huld dieser Göttlichen als einen König, als
einen Krösus träumen kann. Darum: Hoch lebe die
edle Musika!" und die Gläser klangen und ein freudiges

„Hoch!" erschallte und Alle, auch Wolfgangerl, stießen
mit an, obgleich er nicht wußte, wovon die Rede war und
der Kuchen seine volle ungetheilte Aufmerksamkeit in An=
spruch nahm. Aber des Vaters Blicke ruhten mit Wohl=
gefallen und Zärtlichkeit auf ihm und der Schwester.

„Ihr zwei seit von sieben Kindern die einzigen, die der
Herr mir gelassen," — sagte er dann fast wehmüthig —
„ob wohl so ein Bischen musikalischer Sinn auf euch über=
gehen wird?"

„Warum nicht?" — versetzte die Mutter — „Nannerl
hat recht viel Sinn dafür. Es käme jetzt nur auf die
Probe an. Du hast ihr ja lange schon versprochen, den
Clavierunterricht mit ihr zu beginnen."

„Ach ja, Papachen!" — bat diese — „laß mich endlich
Clavier lernen. Ich bin ja sieben Jahre alt und verspreche
dir auch recht fleißig zu sein."

„Gut denn" — sagte der Vater — „und damit ihr
seht, daß ich dankbar für die viele Liebe bin, die ihr mir
heute entgegengebracht, so will ich auch heute noch, wenn
wir aus der Nachmittagskirche nach Hause kommen, mit
Nannerl die Lectionen beginnen."

„Und ich?" — rief hier Wolfgang — „soll ich nicht
auch Musik lernen?" — Alle lachten; der Vater aber sagte:
„Du, Männchen, du mußt erst noch wachsen, damit du
über das Clavier hinaussehen kannst. Aber ein Musiker
wirst du doch auch gewiß werden?"

„Ja!" — rief der Kleine — „ich spiele schon."

„Gewiß" — versetzte die Mutter heiter — „mit Andres Purzelbäume schlagen!"

„Nein" — rief Wolfgang erhitzt, denn sein leicht verletzbares Ehrgefühl war empfindlich berührt, — „ich habe ihm diesen Morgen erst einen Marsch vorgeblasen!"

Allgemeine Heiterkeit folgte dieser kindlichen Aeußerung, während sich die Gesellschaft erhob und zum Kirchgang anschickte, da Mozart, Adlgasser und Lipp auch den Nachmittag in der Metropole zu thun hatten.

Es war ein ziemlich trüber Dezembertag und die Nacht lag daher schon völlig über der Erde, als die Familie Mozart in ihre stille Behausung zurückkehrte. Noch glühten die Kohlen im Ofen, die warmen Winterkleider wurden abgelegt, wenige Holzstücke genügten, das Feuer wieder laut aufprasseln zu lassen, und bald war auch der Kaffee gekocht, der den Bescheidenen als Vesper= und Abendbrod zugleich diente.

Nachdem er eingenommen war, und sich alle genügend erwärmt hatten, schlug der Vater das Clavier auf und rief die Tochter herbei, um — seinem Versprechen getreu — mit ihr die erste Clavierstunde zu beginnen.

Nannerl zeigte vom ersten Augenblicke an viele Gelehrigkeit; der kleine Wolfgang aber stand, die Hände auf den Rücken gelegt, neben der Schwester und rührte sich nicht. Er nahm sich in der, von den Kerzen des Claviers auf ihn zurückfallenden Beleuchtung reizend aus. Die offene, nur von dem weißen gefältelten Hemdkragen halb bedeckte Brust, das zarte Gesichtchen mit den feinen Zügen,

die sich von Minute zu Minute bei den kindischen Uebungen
der Schwester mehr und mehr verklärten, schufen ihn zu
einem allerliebsten kleinen Bilde, an welchem denn auch
das Auge der Mutter mit stillem Entzücken hing.

So verging die Stunde, ohne daß der sonst so lebhafte
und auf kindische Spiele verlegene Knabe auch nur einen
Augenblick seine Stellung verlassen hätte. Ganz neue
Gedanken mußten in ihm erwacht sein, und während er
doch sonst seinen Vater so oft hatte vortrefflich spielen
hören, ohne seinem Spiele besondere Aufmerksamkeit zu
schenken, fesselten ihn heute die ersten Griffe der Schwester
mit wunderbarer Gewalt. Des Vaters vollendetes Spiel
lag eben dem Kinde zu fern, die gewaltigen Melodien
rauschten über ihn hinaus. Jetzt aber durchzuckte ihn
plötzlich und zum erstenmale in seinem Leben der Gedanke:
das kannst du auch!

Sein Auge wich daher nicht von Nannerls Fingern,
sein Ohr erfaßte mit Leichtigkeit den harmonischen Zu=
sammenklang verschiedener Töne, und als der Vater
geendet und die Schwester das Clavier verlassen, schlich
er sich leise zu demselben hin und fing an, mit seinen
kleinen Händchen Terzen zu suchen.*) Wie aber strahlte
sein Gesicht von Entzücken, wenn er nun einen überein=
stimmenden Ton berührte.

Der Vater, der seine Pfeife angezündet und die Zei=
tung ergriffen hatte, bemerkte im Anfang diese Erstlings=

*) Oulibicheff: Mozart's Leben I. Thl. S. 7. Nissen:
S. 15. Otto Jahn: I. Thl. S. 27.

versuche seines Söhnchens nicht; als ihn aber sein Weib
am Aermel zupfte und auf Wolfgang deutete, ließ er
allmälig die Zeitung und endlich auch die Pfeife sinken.
Immer freudiger erstrahlten seine Blicke, immer lebhafter
prägten sich die Zeichen des Staunens in seinen Zügen
aus; aber er glaubte seinen Ohren und Augen kaum mehr
trauen zu können, als Wolfgang, der dreijährige Wolf=
gang, nun die kleine Uebung, die der Vater eben der
Schwester gezeigt, fehlerlos mit seinen niedlichen Finger=
chen wiederholte.   Die Zeitung lag auf der Erde, — die
Pfeife war ausgegangen, — die weiße Zipfelmütze, von
der linken Hand im Staunen gedankenlos zurückgeschoben,
deckte nur noch den hintern Theil des ehrwürdigen Hauptes,
während helle, dicke Freudenthränen die Augen des Vaters
füllten.   Endlich, endlich fand er Bewegung und Sprache
wieder.   Rasch eilte er zu dem Clavier, stürmisch hob er
den Sohn empor und mit einem Ausdruck unbeschreiblicher
Wonne drängte sich der Ruf aus seiner Brust:

„Wolfgangerl! Blitzjunge! ja, du wirst ein Musiker!“

Und Vater und Mutter küßten das Kind, und sich die
Freudenthränen aus den Augen wischend, rief Mozart
mit dankbar zum Himmel gerichtetem Blick:

„Herr! sei gepriesen für dies Geschenk! Ich ahne es,
deine Gnade hat mir eine Wunderblume erblühen lassen;
aber ich gelobe dir auch, mein ganzes Leben und Sein an
ihre Pflege zu setzen!“

Und er nahm das Kind und stellte es — wie er dies
jeden Abend vor dem Schlafengehen zu thun pflegte — vor

sich hin auf einen Stuhl und faltete ihm die Händchen und
sprach ihm sein kleines, einfaches Nachtgebet vor. Aber
diesmal zitterte dem Vater die Stimme, als er aus dem
tiefsten Grunde seiner Seele die Worte schöpfte:

„Lieber himmlischer Vater, ich danke dir für deine
Güte . . .“

Und der kleine Wolfgang wiederholte mit seinem
kindlichen Stimmchen:

„Lieber himmlischer Vater, ich danke dir für deine
Güte . . .“

„Du hast mir ein herrliches Geschenk gegeben . . . .“

„Du hast mir ein herrliches Geschenk gegeben . . . .“

„Gib deinen Segen, daß ich es redlich gebrauche . . . .“

„Gib deinen Segen, daß ich es redlich gebrauche . . . .“

„Dir zur Ehre und mir zum Heil!“

„Dir zur Ehre und mir zum Heil!“

„Amen!“

„Amen!“

Aber die letzten Worte waren nur langsam und schwer-
fällig herausgekommen; denn der Schlaf machte plötzlich
bei dem Kinde seine Rechte geltend und die Mutter hatte
es noch nicht völlig in seinem Bette zugedeckt, — — als
es schon schlief.

Aber bald spielte ein bunter Traum mit seiner Seele,
und es war ihm als befinde er sich auf einer Wiese.
Tausend und abertausend Blumen prangten um es her in
wunderbarer Pracht, der Himmel war blau und die Sonne
strahlte warm und rein. Wie wohl war es ihm da, wie

2*

lauschte es dem Gesange der Vögel, dem Summen der Bienen. Und es sprang hin, die Blumen zu pflücken; aber wunderbar, — so oft es eine Blume berührte, fing sie an gar lieblich zu tönen, und je mehr es der Blumen pflückte, desto mehr Töne erklangen; aber sie mischten sich in unendlich süßen Harmonien, und wuchsen in seinen Händchen riesig groß empor, und mit ihnen wuchs die Gewalt der Töne, bis es wie Meereswogen brauste und die Blumen Sterne geworden waren. Da flammten sie oben am Himmel; — aber der Himmel war nicht mehr blau und licht, sondern schwarz und dunkel. Wolfgang weinte. Aber wie die Thränen über seine Wangen rollten, da zogen ihn die Töne, die nun zu gewaltigen ernsten Accorden angewachsen, zu den Sternen hinan, und, unwillkürlich dem Zuge folgend, entschwand er der Erde und verging in stillem Entzücken.

Die Musikanten und die Musikantenkutsche.

Der Winter war vorübergegangen; der Frühling hatte die Erde mit seinem grünen blumendurchwirkten Gewande geschmückt, die Auferstandene mit Lerchenjubel begrüßt, und nun lag ein heißer Sommer über den Fluren, deren reiche Fruchtfelder sich schon gelb färbten. Bienen summten jetzt geschäftig von Blume zu Blume und die Morgensonne lächelte freundlich vom blauen Himmel herab, als aus dem Thore der Stadt Salzburg eine alte, gebrechliche Kutsche ihren Weg nach dem Fürstbischöflichen Lustschlosse Hellebrunn nahm.

Man sah es diesem Fuhrwerke an, daß es der Jahre und mit den Jahren der Schicksale viel erlebt hatte, und seine Geschichte glich in der That derjenigen manches Menschen, der in seiner Jugend goldene Tage gesehen und im Alter Zeiten kennen gelernt hatte, von welchen er mit Recht sagen konnte: „Sie gefallen mir nicht.“

„Golden" waren die Jugendtage dieses Fuhrwerkes allerdings, und zwar im strengsten Sinne des Wortes, gewesen; denn noch immer konnte man an einigen Stellen des seiner Zeit reichen — jetzt freilich nur noch in Trümmern vorhandenen — Schnitzwerkes Spuren von einstiger Vergoldung erkennen. Einem geübten Auge mußte selbst die Form und riesige Größe des Wagens auf den ersten Blick sagen, daß er einst den hohen Rang einer Fürst= bischöflich= Salzburgischen Hofequipage einge= nommen; wenn gleich nur der tiefer Eingeweihte wissen konnte, daß er sogar bei Kaiser Karl VI. Krönung als Staatscarosse mit in Frankfurt gewesen war. Aber diese schönen Tage waren freilich längst vorüber. Vom herrschaftlichen Staatswagen, zur Equipage des Ge= folges degradirt, sank der alternde Freund, all' seines Glan= zes durch den Zahn der Zeit beraubt, endlich zur „Musi= kanten= Kutsche" herab, das heißt, zu dem gefährli= chen Fuhrwerke, mit welchem die Musiker der Hof=Capelle bei besonderen Gelegenheiten zum Dienste nach den fürst= lichen Lustschlössern gebracht und wieder zurückgeliefert wurden. „Gefährlich" war der Wagen aber deshalb, weil er — im höchsten Grade invalid — den guten Salz= burgern bereits schon über ein halbes Jahrhundert als „Musikanten=Kutsche" bekannt war.

Heute nun schleppte er, langsam und nach allen Seiten hin wackelnd, von zwei alten dürren Pferden gezogen, den Vice=Capellmeister Mozart, und die Hofmusiker Adl= gasser, Lipp, Schneuzer und Regener durch die la=

chende und blühende Frühlingslandschaft. Aber welche
Stöße er auch, im heimtückischen Zorne über sein Alter
und im aristokratischen Gefühle seiner Herabwürdigung,
den Künstlern versetzte, in eines vermochte er sie nicht zu
versetzen — und das war, in eine üble Laune. Im Ge-
gentheile, der Gesammtinhalt der „Musikanten-Kut-
sche" war heute besonders freudig angeregt, denn sie fühlten sich sämmtlich durch ein Ereigniß geehrt, welches ihren
gemeinschaftlichen Freund, ihren allverehrten Vice-Capellmeister Mozart betraf.

Kurz vor ihrer Abfahrt hatte dieser nämlich einen Brief
von Berlin erhalten, in welchem ihm eine Gesellschaft musikalischer Notabilitäten, anzeigte, daß sie gesonnen sei,
eine Zeitschrift unter dem Titel: „Kritische Briefe über die
Tonkunst" herauszugeben. Nun aber ward Vater Mozart nicht nur in diesem Schreiben aufgefordert bei diesem
schönen und für die damalige Zeit höchst wichtigen Unter-
nehmen mitzuwirken; — nein! die Gesellschaft sagte darin
auch, daß sie gesonnen sei, jeden dieser Briefe an irgend
eine hervorragende musikalische Persönlichkeit öffentlich zu
richten, und daß sie sich daher erlauben werde, das erste
Schreiben ihm zu dediciren. „Konnte" — heißt es in dem
Briefe weiter — „die Gesellschaft bei diesem Vorsatze einen
glücklicheren Anfang als mit Ihnen machen?"*)

Dieses Zeichen der Achtung aus so weiter Ferne mußte
nun natürlich nicht nur den, den es betraf, sondern auch —

---

*) Geschichtlich.

in ihm — die ganze Hof-Capelle ehren und erfreuen und
so kam es denn, daß sich die ganze Gesellschaft der „Mu-
sikanten-Kutsche" heute in so heiterer Laune befand,
wie der herrliche Frühlingstag, der die reizende Umgebung
Salzburgs mit seinem schönsten Sonnengolde überzog.

Da lag es ja, das freundliche Salzburg, — das
alte Jouani der Römer, die Haupt- und Residenzstadt des
gleichnamigen, damals noch reichsunmittelbaren Erzbis-
thums; — da lag es, hingestreckt an beiden Ufern der Salza,
auf drei Seiten umschlungen von den grünen Armen be-
waldeter Berge, während sich gegen Norden der Blick in
ein breites fruchtbares Thal öffnete, das sich, längs der
Salza hinab, in eine unabsehbare Ebene gegen das angrän-
zende Bayern verlor.

Auch das niedliche Schlößchen Emslieb winkte den
Vorüberfahrenden und erinnerte sie, daß gerade dessen Besitzer, der Fürst Bischof zu Chiemsee, es sei, dessen Besuch
am Salzburger Hofe die heutige Festlichkeit verursachte.

Und wie freundlich schimmerten durch die fruchtbelade-
nen Bäume der langen Obstallee, die die Hellebrunner
Landstraße bildete, die Gebäude der Kaiserburg, des
Christani-Schlosses und des mit wahrhaft fürstlicher Pracht
von Erzbischof Max Gandolph erbauten Frohburger Ma-
jorats-Hofes. Die Weiher, welche den letzteren umgaben,
blinkten aus der Ferne wie silberne Spiegel und zwischen
den lichtgrünen Büschen warf hie und da eine Fontaine
ihre blitzenden Wasserstrahlen empor.

Zu der Zeit nämlich, von welcher wir erzählen — der

Mitte des vorigen Jahrhunderts — war Salzburg, dies Alpenland voll erhabener Naturschönheiten, Glet= scher, Wasserfällen, Engpässen und Höhlen, noch ein selbstständiges Fürsten= und Erzbisthum, und machte als solches einen Theil des hundertfach zerklüfteten deutschen Reiches aus. Aber so klein und unbedeutend im Ganzen auch dies Stückchen deutscher Erde war, seine regierenden priesterlichen Herren hielten so gut einen Hof, wie der benachbarte Churfürst von Bayern; und wie der Churfürst es dem Kaiser im Hofhalt gleichzuthun strebte, so war es für die kleineren Fürsten eine Ehrensache, — wenigstens in Aemtern, Hofchargen und Aufwand, den churfürstlichen Höfen nicht nachzustehen.

So war denn auch der Haushalt der Erzbischöfe von Salzburg ganz dem churfürstlichen nachgebildet,*) und obgleich das Ländchen fast unter Steuern und Abgaben erlag, und die Beamten Besoldungen bezogen, bei welchen sie — wie man zu sagen pflegt — weder leben noch sterben konnten — bestand doch der Hochfürstlich=Salzburgische Hofstaat aus folgenden Chargen:

Das Ministerium bildete der **Obersthofmeister, Graf von Lodron,** — der **Oberstkämmerer,** des heil. römischen Reiches, **Graf von Lamberg,** — der **Obersthofmar=** **schall,** der **Oberststallmeister, Reichsgraf von Kün=** **burg,** — der **Oberstjägermeister, Reichsgraf von**

---

*) L. Hübner: Beschreibung der hochfürstlich erzbischöflichen Haupt= und Residenzstadt Salzburg. 1794. S. 267.

Kinigl und der Leibgardehauptmann, als Kriegsmi=
nister. Ferner gab es hier sogar, wie am kaiserlichen
Hofe, vier Erbämter: einen Erblandmarschall, einen
Erbschenk, einen Erbkämmerer und einen Erbtruchseß,
30 Kammerherrn, von welchen die activen bei dem Lever,
der hochfürstlichen Tafel u. s. w. den Dienst hatten und
bei Kirchen= und Hoffesten, wie am Kaiserhofe zu Wien
unter Maria Theresia, in spanischer Kleidung erscheinen
mußten; gegen zwanzig geheime Räthe, einen Leibme=
dicus, drei Hofcapelläne, 14 Truchsesse und zahllose unter=
geordnete Aemter bei der Capelle, der Hofküche, der Silber=
kammer, der Confectstube, dem Marstall, — der allein über
60 Bedienstete in Anspruch nahm — der Oberstjäger=
meisterei und der Leibgarde.*)

So bildeten um jene Zeit alle die kleinen regierenden
Reichsgrafen, Fürsten und Herren des heiligen römischen
Reiches souveraine Höfe mit einem Alles erdrückenden
Luxus; aber sie spielten auch — was das Schlimmste
dabei war — die großen Souveraine selbst; und nirgends
vielleicht war Ludwigs XIV. „L'état c'est moi!" mehr
im Gange, als gerade bei jenen kleineren deutschen Höfen.
Daß dies aber bei dem jetzt regierenden Fürst=Erzbischof von
Salzburg, Sigismund, auch der Fall sei, wußte Nie=
mand besser als unsere kleine Gesellschaft, die jetzt von
der „Musikanten=Kutsche" dem Lustschlosse Helle=

---

*) Hübner: am angedeuteten Orte. — Dr. J Th. Zauner:
Chronik von Salzburg.

brunn immer näher gebracht wurden. Hatte doch die
Capelle, obgleich sie zumeist aus ausgezeichneten Musikern
bestand, unendlich unter der souverainen Verachtung seiner
hochfürstlichen Gnaden zu leiden, der, selbst seine Capellmeister, wie die untergeordnetsten Diener zu behandeln pflegte.

Dies niederdrückende Bewußtsein dämpfte denn auch,
mit der allmähligen Annäherung an den Ort ihrer Bestimmung, die bis dahin so ungetrübte Heiterkeit, des würdigen Vice-Capellmeisters Mozart und seiner Freunde,
und als sich nun das aus Marmor aufgeführte Schloß
mit seinen altmodischen Stirngiebeln, Altanen und Vor-
sprüngen zeigte, hatte sich bereits ein trüber Ernst über
Alle gelagert.

Jetzt endlich hielt der morsche Hofwagen an einem
Nebenflügel des Prachtbaues, und während die Mitglieder
der fürstlichen Capelle vorsichtig ausstiegen, um nicht durch
irgend einen allzufesten Tritt ein Stück des Fuhrwerks mit-
zunehmen, gewahrten sie auf der Terrasse vor dem Haupt-
eingange zwei Männer, die in ein tiefes Gespräch versunken, die Hände auf den Rücken gelegt, auf= und
abgingen.

„Ist das nicht Graf Herberstein?" — frug jetzt der
Vice-Capellmeister, indem er sich den Staub von den Kleidern klopfte — „der wackere Herberstein, der Freund
ächter, classischer Musik und der freigebige Beschützer ihrer
Jünger?"

„Allerdings ist er es!" — entgegnete Adlgasser —
„aber er ist in sauberer Gesellschaft."

„Wieso?" — frugen Mozart und Lipp zugleich.

„Nun" — fuhr jener fort — „kennt ihr denn den neuen Günstling seiner hochfürstlichen Gnaden nicht?"

„Aman?"

„Den Kammerdirector Aman, ja!"

„Was Kammerdirector?" — sagte Lipp spöttisch lachend — „Vorsteher der fürstlichen Canzlei. Ist dies etwa für einen ehemaligen Dorfschulmeister nicht genug?"

„Und doch ist dieser ehemalige Dorfschulmeister, der jetzt das Land tyrannisirt, seit vorgestern, was ich eben gesagt: Kammerdirector."

„Unbegreiflich, unmöglich!" — rief Lipp; aber Regenauer flüsterte ihm ein „Stille!" zu, denn eben näherten sich die beiden Herren den Musikern, und wenn diese — außer Adlgasser — den gefürchteten neuen Günstling auch bis dahin noch nicht gesehen, so hatten sie doch schon so viel von ihm gehört, daß sie es für gut fanden, auf ihrer Hut zu sein. Sie folgten also einem Winke ihres Vice-Capellmeisters und traten in die große Halle, die dem unteren Dienstpersonale — also auch den Mitgliedern der Capelle — als Versammlungsort diente. Als sie hier aber Niemanden fanden und der alte Mozart sich vorsichtig überzeugt hatte, daß sie auch nicht belauscht würden, trat er wieder zu Adlgasser, und das begonnene Gespräch fortsetzend, frug er: „Was hat das eigentlich für eine Bewandtniß mit dem Aman?"

„Nun!" — rief jener erstaunt — „weiß Gott, Mozart, man sieht, daß Ihr ein wahres Muster eines Ehemanns seid und nie ein Wirthshaus, einen Klupp oder ein Kaffeehaus besucht; denn sonst müßtet Ihr doch wahrlich schon erfahren haben, was das ganze Land in Aufregung setzt!"

„Ich komme allerdings außer meinem Dienst und meinen Unterrichtsstunden wenig mit andern Menschen zusammen!" — versetzte der Vice-Capellmeister — „darum laßt hören, was Ihr wißt. Was das Land interessirt, interessirt auch mich."

„Also hört," — sagte Adlgasser — „dieser Aman war noch vor Kurzem Dorfschulmeister."

„Aber wie lernte ihn der Herr kennen?"

„Auf eine höchst sonderbare und räthselhafte Weise. So recht wurde die Sache nicht bekannt. Einige wollen wissen; er habe wegen einem Vergehen seiner Stelle entsetzt werden sollen, doch sei es den Vorstellungen und Bitten seiner Tochter — die ein gar hübsches und unschuldiges Wesen — gelungen, dem Vater die Gnade zu verschaffen, sich persönlich vor dem Herrn Erzbischof vertheidigen zu dürfen. Dies sei denn auch nicht nur der Fall gewesen, man habe auch an höchster Stelle seine außerordentlichen Fähigkeiten erkannt. So ward Aman Canzlist der Hofkammer, kurz darauf deren Vorsitzender und vorgestern — mit Ueberspringung aller Kammerräthe — sogar ihr Direktor."

„Hm!" — brummte hier der Vice=Capellmeister, mit
dem Kopfe schüttelnd und eine Priese nehmend — „wer
weiß, ob es so ist. Ich denke gern von meinen Neben=
menschen so lange das Gute, bis ich zum Gegentheil ge=
zwungen werde. Und dann, unser allergnädigster Herr
. . . . er ist ein frommer Mann . . . . ein Mann . . . ."

„Nach der Zeit!" — ergänzte Lipp, der unterdessen
seine Geige aus dem Kasten genommen hatte, sie jetzt an=
setzte und leise zu spielen und zu singen begann:

> Als der Großvater die Großmutter nahm,
> Da wußte man nichts von Mamsell und Madam,
> Die züchtige Jungfrau, das häusliche Weib,
> Sie waren ächt deutsch an Seel' und an Leib.
>
> Als der Großvater die Großmutter nahm,
> Da war ihr die Wirthschaft kein widriger Kram;
> Sie las nicht Romane, sie ging an den Herd,
> Und ihr Kind war mehr als ein Schoßhund ihr werth.
>
> Als der Großvater die Großmutter nahm,
> Da rief auch der Vaterlandsfreund nicht voll Gram:
> O gäbe den Deutschen ein holdes Geschick
> Die glücklichen Großvaterzeiten zurück!

Aber Lipp hatte die letzte Zeile dieses, auf das Lau=
nigste vorgetragenen Liedes noch nicht beendet, als sich die
Thüre des Gemaches rasch öffnete, und eine Gestalt unter
ihr erschien, die ihm die Schlußworte auf den Lippen, die
Töne auf dem Instrumente ersterben machte. Alle standen
wie vom Donner gerührt, bleich und unbeweglich, denn es
waren seine Hochfürstliche Gnaden selbst.

Der Kirchenfürst, ein angehender Sechziger, konnte noch immer ein schöner Mann genannt werden, um so mehr, als seine frische Gesichtsfarbe gegen das weiße Haar seines Hauptes vortheilhaft abstach. Nur kündeten seine Züge einen ungemeinen Stolz, eine vernichtende Härte, und eine nicht weniger ominöse Strenge. Jedermann wußte, wieviel er auf Kirchenzucht, Ernst und vor allen Dingen auf unbedingte Unterwürfigkeit seiner Unterthanen und Staatsdiener verlegen war — mit welcher, in der That kleinlichen Eitelkeit und Strenge er eine Hofetiquette festhielt, wie sie kaum am kaiserlichen Hofe üblich war; obgleich sein ganzes Reich weniger Unterthanen zählte, als die einzige Stadt Wien.

Aber gerade diese Kleinheit seines Ländchens sollten Prachtentfaltung, Nachahmung der größeren Höfe und unumschränkter Despotismus vergessen machen. Und Despot war Sigismund um so mehr, als er, trotz seiner Jahre, noch im vollen Besitz aller geistigen Kräfte, und dabei höchst leidenschaftlicher Natur war. Seine ganze Umgebung zitterte daher vor ihm, und selbst in Wien und München war er so wenig beliebt, als bei dem benachbarten reichsunmittelbaren Adel und seinem eigenen Domkapitel.

Es läßt sich daher denken, in welchen Schrecken Lipp und die Freunde versetzt wurden, als seine hochfürstlichen Gnaden so unerwartet und zur ungelegenen Zeit, — gefolgt von mehreren Herren und Dienern, dem Hauscapellan und einigen Geheimeräthen — eintraten. In der That glühte denn auch das Antlitz des Fürsten vor Zorn, denn das Aufspielen eines so unkirchlichen Liedes in einem der erzbischöflichen Schlösser, deuchte ihm eine große Beleidigung seiner Würde, und da er gewohnt war, die Künstler seiner Hofkapelle mit seinen Stabstrompetern und den ordinärsten Dorfmusikanten auf gleiche Linie zu stellen, so behandelte er auch Lipp und seine Genossen nach diesem Maßstabe.

Eine fulminante Strafpredigt, in welcher von „lüderlichem Gesindel", „leichtsinnigem Volk", „nichtsnutzigen, unmoralischen Menschen" und dergleichen mehr die Rede war, ergoß sich über die Armen, und tönte noch lange in ihren Ohren wieder, als der gestrenge Herr mit dem Gefolge schon lange das Gemach verlassen hatte.

Uebrigens waren Adlgasser, Lipp und die Anderen schon zusehr an solche Scenen gewöhnt, um sich viel daraus zu machen. Nur der alte Mozart fühlte das Entwürdigende dieses Auftrittes in seiner ganzen Schärfe, und zwar um so mehr und um so tiefer, als er einmal gar keine Veranlassung dazu gegeben, und dann im Gefühle seines sittlichen und künstlerischen Werthes, über dessen Anerkennung, selbst aus der Ferne, er erst vor wenigen Stunden so glücklich gewesen.

Indessen war es gut, daß Niemand Zeit blieb, lange über das Geschehene nachzugrübeln. Die Stunde für das Morgenconcert zu Ehren des hohen Besuches war angebrochen und ein Lakei rief die Musiker in den großen Saal.

Es war eine recht gelungene Composition des Vice-Capellmeisters, die hier vor einer glänzenden Gesellschaft sehr tüchtig ausgeführt wurde. Nur kann man sich denken, mit welchen Gefühlen dies von Seiten der Künstler geschah, die denn auch — da jede Beifallsbezeigung gegen die Etiquette des Hofes verstoßen haben würde — eben so kalt und unbeachtet entlassen wurden, als man sie empfangen.

Dennoch war der Dienst nicht zu Ende, da ja höchsten Ortes auch noch später eine Musik befohlen werden konnte, und so begaben sich die Freunde wieder in das Gesindezimmer, wo sie mit den übrigen Dienern speisten, und ihre Ohren von deren albernen und gemeinen Späßen beleidigen lassen mußten. Ein namenlos niederdrückendes Gefühl, eine gränzenlose Langweile bemächtigte sich ihrer dabei, bis endlich gegen Abend der Herr Kammerdirector Aman herabsagen ließ: „die Musikanten seien entlassen!"

Hoffnungsvolle Tintenkleckse.

~~~~~~

„Die Musikanten sind entlassen!" tönte es noch immer in des Vice-Capellmeisters Ohren wieder, als die Freunde schon längst von Schloß Hellebrunn in dem alten, gebrechlichen Wagen abgefahren waren.

Er selbst hatte vorgezogen nach Hause zu gehen, da der Abend sehr schön zu werden versprach, und es ihm außerdem seine Stimmung unmöglich machte, noch viel mit den Freunden zu sprechen.

Der alte Mozart war nichts weniger als sentimental. Er war ein ernster, überlegter, methodischer Mann. Ruhig in allem was er that, einfach und schlicht, streng rechtlich und arbeitsam. Dabei hielt er mit fester Hand die Zügel des Hausregimentes. Vor allen Dingen aber charakterisirte ihn eine praktische Auffassung des Lebens, die auch für ihn um so nöthiger war, als er sich, ohne alles Ver-

mögen, bei zahlreicher Familie — es waren ihm ja schon
fünf Kinder gestorben — und einem armseligen Gehalte
von vierhundert Gulden, nur mit der größten Anstrengung
und bei der erstaunlichsten Sparsamkeit durchschlagen
konnte.

Aber trotz seinem fast trockenen, nur auf das Praktische
gerichteten Wesen, war Leopold Mozart doch auch ein
ächter, für seine Kunst begeisterter Musiker, und als solcher
ein Mann von tiefem Gefühl. Wie verschieden war dieses
aber an dem heutigen Tage in ihm angeregt worden. Wie
hatte ihn der Brief der Berliner Musikfreunde so hoch erhoben, so freudig berührt, und wie entsetzlich demüthigte
ihn dann wieder das Benehmen seines Fürsten und der
Gedanke an seine Stellung an diesem Hofe, die wahrlich
eher die eines Lakeien als eines tüchtigen Clavierspielers,
Violinisten, Organisten, Compositeur und Vice-Capellmeisters war. Dennoch sah er recht gut ein, daß seine
Verhältnisse ein Ausharren in dieser Stellung gebieterisch
verlangten, zumal in jenen Zeiten an allen Höfen sowohl
die Stellen der Sänger und Sängerinnen, als namentlich
auch die der Capellmeister und ersten Orchestermitglieder
fast durchweg mit Italienern besetzt waren. Eine „deutsche
Oper" gab es ja damals noch nicht, und für die
deutsche Musik im Allgemeinen war kaum mit Johann
Sebastian Bach, dem „Fürsten aller Clavier und Orgel-
spieler" ein junger Morgen aufgegangen, während der um
jene Zeit erst sechsundzwanzigjährige Hayden gerade anfing, der Instrumentalmusik neue Bahnen zu brechen, und

3*

Gluck die Musik von den italienischen Schnörkeleien zu deutscher Einfachheit und Gediegenheit zurückzuführen strebte. An den Höfen aber herrschten in diesem Gebiete, wie eben erwähnt, fast nur Italiener und Kastraden und zwar mit einer Despotie, die keinen Deutschen auf= kommen ließ.

Unser kluger und praktischer Vice=Capellmeister sah also wohl ein, daß hier ein geduldiges Ausharren das ein= zig Vernünftige sei; aber diese Ansicht vermochte ihn eben doch nicht unempfänglich für Mißhandlungen zu machen, und ebenso wenig konnte sie ihn heute über seine gedrückte Stimmung erheben.

Er ging daher eben mißmuthig und gesenkten Hauptes durch den hintern Theil der Parkanlagen von Hellebrunn, um auf einem einsamen Feldwege zur Stadt zurückzukehren, als ihn plötzlich eine bekannte Stimme anrief.

Mozart wandte sich um und sah mit freudiger Ueber= raschung den Grafen Herberstein auf sich zu kommen. „Nehmt mich mit, Herr Vice=Capellmeister!" — rief ihm dieser freundlich zu. — „Ich sehe, Ihr geht zur Stadt zurück und das will ich auch; denn der Abend ist zu schön, um zu fahren, und so sandte ich meinen Wagen voraus."

Vater Mozart empfing den Grafen mit Ehrerbietung und doch mit einer würdigen Haltung; denn so bescheiden er gegen die Großen zu sein pflegte, so vergab er sich, ihnen gegenüber, doch nie etwas.

Wenn Eure Gnaden mir die Ehre Ihrer Begleitung

schenken wollen" — versetzte er daher freundlich — „so kann mich dies nur glücklich machen."

„Und das scheint mein guter Mozart im Augenblick eben nicht zu sein!" — sagte jener.

„Nein, gräfliche Gnaden!" — rief Mozart hier mit Offenheit — „nein! glücklich fühle ich mich in der That heute nicht."

„Und warum?" — frug Herberstein — „Sagt es mir ehrlich, Mozart; — Ihr wißt ja, daß ich herzlichen Antheil an Euch nehme."

„Das weiß ich allerdings, Herr Graf, so wie ich Sie als einen vortrefflichen Menschen, einen wahren Kunst=kenner und edlen Beschützer der Musik verehre. Aber was hülfe es mir, wenn ich Ihnen auch sagen wollte, wo mich der Schuh drückt; Sie würden doch nicht helfen können."

„Weil es in eurer Stellung liegt," — versetzte der Graf, der, obgleich nur als Besuch am Salzburger Hofe dennoch die dort herrschenden Verhältnisse genau kannte. — „Man müßte wahrlich wenig Scharfblick besitzen, wollte man dies nicht auf den ersten Blick erkennen. Ich gestehe Euch, Herr Vice=Capellmeister, auch mich hat die Behand=lung schmerzlich berührt, die hier so wackeren Musikern zu Theil wird. Aber was ist zu machen? Der Fürst=Erz=bischof hat doch wenigstens das Gute, daß er die Musik schätzt, nur Deutsche anstellt und bei deren Tode für die Wittwen sorgt."

„Das sehe ich auch wohl ein!" — entgegnete Mozart — „und darum trage ich mein Kreuz in Geduld; aber, Herr Graf, es drückt darum nicht weniger."

„Und gebe es für einen so tüchtigen Musiker, wie Ihr seid, denn nichts, diese unvermeidliche Last zu erleichtern? Wer Künste liebt und übt, hat, wie der, der Wissenschaften pflegt, einen Sinn weiter als Andere. Er kennt Genüsse und Freuden, die Tausenden ewig unbekannt bleiben, und nicht umsonst sagt man: Was Blumen unseren Gärten sind, sind Künste unserem Leben!"

„Gewiß!" — versetzte Mozart — „die Kunst ist etwas Herrliches, Hohes, Heiliges, sie erhebt uns über so manche Erbärmlichkeit des Lebens! Der Zauber der Kunst trägt den Menschen über die Alltäglichkeit empor; und ich gestehe es, ohne diese Zauberkraft, die in meinen Instrumenten ruht, möchte ich nicht leben."

„So dankt denn Eurem Schöpfer für diese schöne Gabe!" — rief Herberstein. — „Was würde ich darum geben, sie zu besitzen. Ich kenne nichts Höheres, als Musik: Die Musik wirkt auf das Herz, Malerei und Sculptur nehmen dagegen nur die Phantasie in Anspruch. Zu welcher Seligkeit kann uns eine schöne Musik erheben, wie läutert und veredelt sie uns, wie allgewaltig vermag sie uns zu lichteren Höhen empor zu tragen, zu großen und guten Vorsätzen zu begeistern. O, lieber Mozart, ich bin fest überzeugt: Ihr habt durch Eure Kunst schon Stunden der Wonne verlebt, wie sie weder seine Hochfürstlichen Gnaden noch ich je gesehen."

„Das mag sein," — sagte Mozart lächelnd — „wenn nur der trüben und sorgenvollen Stunden nicht so viele dabei stünden, die den Begeisterten mit Bleigewicht wieder in den Staub zurückziehen."

„Und wäre diesem Uebel denn gar nicht abzuhelfen?" — frug hier der Graf theilnehmend — „habt Ihr noch nicht den Versuch gemacht zu einer höheren Besoldung zu gelangen?"

„Geht nicht!"

„Ich selbst will ihn bei dem Fürsten befürworten.

„Wäre dennoch umsonst."

„Und warum?"

„Weil, mit Verlaub vor Eurer Gnaden gesagt, die Kassen immer leer sind!"

„Ich kann es nicht glauben. An keinem der umliegenden Höfe herrscht solcher Reichthum."

„Und die Kassen sind doch leer!"

„Aber Salzburg ist doch ein so wohlhabendes Ländchen."

„Das . . . ." — aber der Vice = Capellmeister hielt inne; dann sagte er — „Vergebung, Herr Graf, es will sich für unser einen nicht schicken, in die Angelegenheiten der Großen zu sprechen."

„Bei mir, lieber Mozart" — rief Herberstein — „ist diese, sonst zu lobende Bescheidenheit nicht nöthig. Ich spreche, wie Ihr wißt, wie ein Freund zum Freunde, und zwar, weil ich euch helfen möchte. Darum nur

heraus mit der Sprache: wie kommt es, daß bei den vielen
Mitteln, die Salzburg besitzt, die Kassen immer leer sind."

„Nun" — versetzte Mozart — „wenn es eure gräf=
lichen Gnaden verlangen, will ich es sagen: Weil der Auf=
wand des Hofes und die Besoldungen all der zahllosen
Hofchargen und Beamten Alles in Anspruch nehmen.
Der gewöhnliche Mann, der Bürger, kann sich dabei vor
Abgaben, Kopfsteuer, Nothsteuer, Accise u. s. w. kaum
aufrecht erhalten."

„Das ist freilich schlimm!" — meinte der Graf —
„und so werden die Kräfte doppelt in Anspruch genommen.
Ihr müßt wohl auch deshalb viel Unterricht geben."

„Ich schulmeistere allerdings tüchtig zwischen meinem
Dienste;" — versetzte Mozart. — „Aber es geschieht
gern, denn ich thue es für meine Familie."

„Da hat der Herr Vice=Capellmeister am Ende gar
nicht einmal Zeit, der Bitte nachzukommen, die ich an ihn
richten wollte?"

„Und die wäre?"

„Mir eine recht hübsche Kammermusik zu componiren.
Ich habe fünfundzwanzig Dukaten dafür zurecht gelegt.
Könnt Ihr, lieber Mozart?"

„O, Herr Graf" — sagte Mozart freudig lächelnd,
denn er verstand den Grafen recht wohl, — „warum sollte
ich dies nicht können. Für was hat der liebe Gott denn
die Nächte geschaffen, als daß ein Mensch, der was thun
will, sie zur Arbeit benütze."

„So ist die Sache abgemacht!" – versetzte Herber=
stein und reichte Vater Mozart die Hand, in welche
dieser gerne einschlug.

Das Gespräch nahm nun eine andere Wendung, indem
sich der Graf nach der Familie seines Begleiters erkun=
digte; worauf der glückliche Vater nicht genug von seinem
kleinen, jetzt vierjährigen Wolfgang Amadeus erzählen
konnte.

„Sie sollten ihn nur sehen," – rief der Alte mit
einer, an ihm ganz ungewöhnlichen Lebhaftigkeit – „wenn
er, der kaum über das Clavier reicht, vor demselben auf
einem kleinen Stuhle sitzt und seine Uebungen macht.
Werden Sie es glauben, daß das Kind schon recht artig
Clavier spielt?"

„Unmöglich!"

„Ja" – fuhr der Vater entzückt fort – „daß Wolf=
gangerl immer die brillantesten Solostellen der Concerte
im Gedächtniß behält?"*)

„Unmöglich!"

„Und daß er, eine Menuet zu lernen, eine halbe, zu
größeren Stücken eine Stunde braucht?"

„Und dann spielt das Kind die Stücke?"

„Mit der vollkommensten Nettigkeit und mit dem
festesten Takte!**) Ja, er hat schon eine Ahnung vom
Componiren, und wenn ich nicht aus Vorsicht die eminen=

*) Nissen: Seite 15. Oulibicheff 1. Thl. Seite 7.
**) Nissen: eben daselbst. Oulibicheff 1. Thl. Seite 8.

ten und überraschenden Fortschritte des Knaben eher zurück-
hielte, als beförderte, so hätte ich schon angefangen, ihm
die Regeln der Composition beizubringen."

„Aber, mein Gott!" — rief hier der Graf, vor Er-
staunen stehen bleibend, — „das ist ja ein Wunderkind! —
Mozart, lieber Mozart, nehmen Sie mich mit nach
Hause, ich muß diesen Blitzjungen sehen!"

„Mit Freuden!" — entgegnete der Vice-Capellmeister,
und da beide unterdessen die Stadt erreicht hatten, schritten
sie gemeinsam, der bescheidenen Wohnung des Hofmusi-
kus zu.

Während der Zeit aber, in welcher die beiden Männer
von Hellebrunn nach Salzburg zurückgekehrt waren,
hatte sich im Mozart'schen Hause eine ganz eigene Scene
zugetragen.

Die Abendsonne warf gerade ihre freundlichen Strahlen vergoldend in die reinlichen und auf das sorgsamste
geordneten Zimmer, als sich der kleine Wolfgang an den
Schreibtisch seines Vaters schlich. Mutter und Schwester
arbeiteten im anstoßenden Raume und alles war still und
friedlich; nur der Canarienvogel schmetterte von Zeit zu
Zeit der scheidenden Sonne seinen lauten Abschiedsgruß zu.

Aber waren es die abendlichen Streiflichter, war es
eine innere Erregung, was die Züge des Knaben jetzt so
verklärte? — Auf einem Stuhle kniend, das eine Aermchen auf den Schreibtisch des Vaters gelehnt, das Köpfchen auf die Hand gestützt, blickte er starr und sinnend vor
sich hin. Und doch mußte ein kühner Gedanke dies kleine

menschliche Gehirn in Thätigkeit setzen, denn aus den auf-
leuchtenden und wieder in sich selbst versinkenden Blicken
sprach unwiderleglich eine angestrengte geistige Thätigkeit.
Dabei bewegten sich leise die Lippen, und von Zeit zu Zeit
verkündete der Ton einer gar zarten kindlichen Stimme ein
Suchen nach geahnten, dem geistigen Ohre vorschwebenden
Melodien.

Jetzt plötzlich flammte es in allen Zügen des Kindes
wie ein Wetterleuchten auf. Rasch ergriff der Kleine einen
auf dem Tische liegenden Bogen Notenpapier, nahm eine
Feder, tauchte sie ein und fing an Noten zu schreiben.

Aber, o Noth und Unglück, er hatte in seiner heiligen
Begeisterung die Feder bis auf den Boden des Tinten-
fasses gestoßen und schon die dritte Note verschwand unter
einem gewaltigen Tintenklecke.

Indeß Wolfgangerl schien wenig Werth darauf zu
legen. Ohne sich stören zu lassen, fuhr er mit der flachen
Hand darüber hin, daß es einen großen mattgrauen, lang-
gezogenen Flecken gab, — in seinen Gedanken aber ließ er
sich nicht stören. Noten auf Noten deckten bald das
Papier; aber, da der Eifer des Kindes stieg, auch Tintenklecke auf Tintenklecke, und da diese alle, wie ihr erstge-
borner Bruder, mit der flachen, jetzt auch noch tintenschwar-
zen Hand ausgewischt wurden, so kann man sich denken,
wie das Notenblatt bald aussah. Es konnte figürlich das
schwarze Meer recht gut vorstellen.

Und doch, — doch, — der kleine, vor Zorn über die
Klecke jetzt bitter weinende Mensch, läßt sich noch immer

nicht stören. Die salzigen Tropfen mischen sich mit den schwarzen. Es hilft nichts, die kleine unerbittliche Hand verwischt auch sie und immer mehr Noten, die in der That oft fast unleserlich, erscheinen; aber sie stehen doch da — und .... jetzt öffnet sich die Thüre und der Vice-Capellmeister, den Grafen Herberstein an der Seite, tritt ein.

Der kleine Schreiber hört sie nicht; er summt eine Melodie — er schreibt, — streicht aus, — schreibt wieder — macht einen neuen Klecks — wischt — schreibt — und jetzt — jetzt stößt er einen Freudenschrei aus und wirft die Feder aus den bis oben hin schwarzen Fingern.

Da tönt es auf einmal:

„Was machst du denn da, Wolfgangerl?" — Wolfgang schaut sich um, und, den Vater mit dem fremden Herrn gewahrend, die Tintenfinger weit auseinandergespreizt, sagt er freudig und mit strahlendem Auge:

„Papa! ein Clavier-Concert; — der erste Theil steht schon da!"

Der alte Mozart und Herberstein sehen sich lachend an; der Vater aber ruft scherzend:

„Laß sehen, das muß was Schönes sein!"

Doch der Junge zieht das Papier zurück und entgegnet eifrig:

„Nein, nein! es ist noch nicht fertig!" — Auf des Vaters Bitten gibt er indessen endlich das Blatt doch her, und nun erfüllt ein lautes Lachen der beiden Männer das Zimmer, denn das Blatt sah wirklich, in seiner jetzigen Färbung, mit all den Flecken und Kratzfüßen, wunderlich genug aus.

Doch wie? warum verstummt denn Papachen so plötzlich, und schaut mit den Zügen wachsenden Staunens die Noten an? Warum denn füllen seine Augen mit einemmale Thränen? Thränen der Freude, der Bewunderung und des Entzückens?

Warum?

„Sehen Sie nur! sehen Sie nur, lieber Graf!" — ruft er jetzt dem Freunde zu und das Blatt zittert in seiner Hand, — „sehen Sie nur, wie Alles richtig und nach den Regeln gesetzt ist; nur kann man es nicht brauchen, weil es so außerordentlich schwer ist."

„Dafür ist es auch ein Concert!" — rief hier in freudigem Selbstbewußtsein der kleine Componist. — „Man muß es so lange üben, bis man es herausbringt. Sehen Sie, so muß es gehen!"

Und Wolfgang sprang zum Clavier und fing an zu spielen. Wohl glückten die schweren Stellen nicht gleich; aber er brachte doch wenigstens soviel heraus, daß seine Zuhörer, zu welchen sich unterdessen auch Mutter und Schwester gesellt hatten, ersehen konnten, was er damit gewollt.

Das Concert war correkt und für ein ganzes Orchester geschrieben. *)

----

*) Historisch. Nissen: Seite 18 und 19. Oulibicheff: I. Thl. Seite 8—10. Jahn: I. Thl. Seite 31.

Alle standen lange sprachlos vor Staunen; dann zog Vater Mozart sein Kind an sich, drückte es an seine Brust, küßte es und rief:

„Wolfgang! du wirst einst ein großer Mann!"

Und der Graf wiederholte:

„Ja, Der wird ein großer Mann, und Deutschland wird einst mit Stolz auf ihn blicken."

Und zu dem Vater gewandt, setzte er leise hinzu:

„Wer ist jetzt reicher, seine Hochfürstlichen Gnaden oder Ihr?"

„Ich!" — rief der Alte strahlenden Auges — „und diese Stunde gebe ich für kein Königreich hin!"

Der kleine Virtuos.

Und was der Vater prophezeiht, schien sich immer mehr und mehr verwirklichen zu wollen. Wolfgang machte von nun an so ganz außerordentliche Fortschritte, daß er in seinem fünften Jahre schon kleine Stücke componirte, die er seinem Vater vorspielte und von diesem kunstgerecht zu Papier bringen ließ. *)

Der Vater erkannte denn auch alsobald, daß er der Welt in seinem Kinde ein Genie geschenkt, und so setzte er Alles daran, die Ausbildung seines Sohnes auf das sorgsamste zu leiten.

Wenn der berühmte Claude Lorrain als Kind von den Meistern der Schneider=, Maurer= und Pastetenbäcker=

*) Herr von Nissen hat uns mehrere dieser Erstlings=Compositionen des großen Meisters aufbewahrt und führt sie uns Seite 14 seiner „Biographie W. A. Mozart's" vor.

zunft entlassen worden war, weil er keines dieser Hand=
werke fassen konnte und allen seinen Meistern zu ungeschickt
erschien, zu Rom aber, in dem Palaste eines Cardinals,
bei dem Anblicke der großen Werke der Kunst, eine Kohle
ergriff und eine so tüchtige Zeichnung entwarf, daß ihn der
Cardinal auf der Stelle in eine Zeichenschule schickte, —
so waren des kleinen Mozart's musikalische Anlagen und
die Entwicklung und Aeußerung seines Genie's wahrlich
nicht minder überraschend.

In der That war die außerordentliche Fertigkeit, die
er auf dem Claviere besaß, und die tiefe Einsicht in die
Kunst, in einem Alter, wo Kinder sonst noch gewöhnlich
keinen Kunsttrieb äußern, erstaunend und über alle Be=
griffe. Was man ihm lehren wollte, davon schien sein
Geist schon eine dunkle Ahnung gehabt zu haben, die zur
völligen Deutlichkeit nur einer Erinnerung bedurfte.

Aber nicht allein in der Musik, — nein! in Allem,
was man den kleinen Wolfgang=Amadeus lehrte,
zeichnete er sich aus. Ein ganz besonderes Talent zeigte er
zum Beispiel auch für Mathematik, die dem musikalischen
Genius so nahe verwandte Wissenschaft, so daß er in kurzer
Zeit ein ungemein gewandter Rechner ward, und die ver=
wickeltsten arithmetischen Aufgaben mit Leichtigkeit im
Kopfe löste.

Wunderbare Erscheinung! — zwei Jahre rauschten
noch an dir vorüber, und dem sechsjährigen Claviervir=
tuosen öffnete sich die Welt!

Es war am Feste des heiligen Franziskus, als sich mit der Frühe des Morgens eine ansehnliche Gesellschaft aus allen Ständen auf dem Schiffe zusammenfand, welches damals Jahr aus, Jahr ein, die regelmäßige Fahrt von Linz nach Wien machte.

Das Stück der Donau, das man zwischen Linz und Wien befährt, ist ohne Zweifel der herrlichste Theil des ganzen großen Flusses, denn es haben sich hier Natur und menschliche Cultur in einem so hohen Grade bemüht, die Ufer und Umgebungen reich zu schmücken, wie sonst nirgends mehr auf der ganzen, vierhundert Meilen weiten Strecke des Flußlaufes. Und all das Schöne und Große, all das Anmuthige und Interessante, all diese geschicht- lichen Denkmäler und die von der Natur geschmückten Landschaften an unseren geistigen und leiblichen Augen vorübergehen zu lassen, scheint ein zauberischer Traum und versetzt den empfänglichen Geist in einen entzückenden Rausch.

Die Römer, als sie hier noch haus'ten, haben wohl freilich nichts von diesem Rausch gekannt, und ihnen er- schien sicher ein Aufenthalt an den damals noch so furcht- bar wilden Donauufern nicht anders, als eine schwere und drückende Verbannung von ihrem sonnigen Vaterlande. Und doch! — gerade an dieser schönsten Strecke der Donau hin bis nach Vindobona (Wien) hatten sie ihre vorzüg- lichsten Kampfplätze und Schlachtfelder mit den Germanen. Das linke Ufer der Donau nannten sie Frons Germaniae (die Stirne Deutschland's) und das rechte, das sie besetzt

hielten, die Supercilia Isthri (die Augenbrauen der Donau).*) Und wie mochten ihre Erzählungen wohl klingen,
wenn sie von dieser äußersten, kalten Nordgrenze ihres
schönen Reiches Nachricht sandten an die Ihrigen im fernen
lieblichen Italien, und ihnen Schilderungen machten von
den Runzeln, Auswüchsen, Zacken, Felsen und Hörnern
der rauhen Stirne der gewaltigen Germania, oder von
den dichten, wilden und finsteren Waldungen und den
Schilfsümpfen ihrer eigenen Lagerstätten.

Wahrlich, wenn irgendwo, so ist hier ein Fleckchen
Erde, um die Wandlung der Dinge und den Umschwung
der Begebenheiten zu bewundern. Die finsteren Augenbrauen der Donau sind gelichtet, unter dem Beile und
dem Pfluge — diesen Scheermessern der Cultur. — Die
Häupter der unbändigen Auerochsen, die einst hier gehaus't,
fängt man nun, versteinert, wie zahme Fische, aus dem
Grunde des Flusses. Die Gefilde sind mit dem reichsten
und schönsten Anbau bedeckt, und von den Waldungen blieb
nur so viel, als der Maler gern hat zur Würze und Hebung
des milderen Ausdruckes der Wiesen und Aecker. Die
Stirne Deutschland's und das, was sonst äußerste Grenze
war, bilden nun den innersten Kern eines großen Reiches,
und der verworfene Baustein ist zum Eck- und Grundstein
geworden, denn hier liegt das Fundament und die Wiege
der österreichischen Monarchie!

An dieser Stirne Deutschland's hin, den schönen,

---

*) Kohl: „Hundert Tage".

prächtigen Donaustrom von Linz nach Wien hinabzu-
fahren, hatte sich also eine beträchtliche Gesellschaft auf
dem „Wochenschiff" eingefunden. Es waren reisende Kauf-
leute und Geistliche, Holzhändler und jüdische Speculanten,
Bauern und Bäuerinnen, Männer, Weiber und Kinder.
Auch eine ganze Familie, — aus Vater, Mutter, einer
elfjährigen Tochter und einem sechsjährigen zarten Knaben
bestehend — war darunter. Alle aber hatten sich so gut
als möglich in Ueberwürfe, Mäntel oder Tücher eingehüllt;
denn wenn man auch erst Mitte October stand, so war es
diesen Morgen doch recht unangenehm kalt.

Ein dicker Nebel hing nicht nur wie ein undurchdring-
licher Schleier über die Berge herab, — nein! — er verhüllte selbst die schwarzen, mit goldnen Arabesken so hübsch
verzierten Thurmspitzen der Stadt Linz. Aus dem Nebel
aber entwickelte sich allmälig ein feiner durchdringender
Regen, der allgemach stärker und stärker wurde, und es
schien daher, als wolle es einen jener unausstehlichen
trüben und traurigen Herbsttage geben, wie wir deren in
Deutschland so viele zählen.

Ganz natürlicherweise spiegelte sich aber das Wetter
auch auf den Gesichtern der Reisenden ab, die sämmtlich
finster und verstimmt in den nebligen Morgen hinaus-
schauten und fröstelnd oder gähnend nach einem Plätzchen
in dem einzigen verdeckten Raume suchten, den das Fahrzeug aufzuweisen hatte.

Nur auf eine Person der ganzen Gesellschaft schienen
Nebel, Regen und Frost keinen Eindruck zu machen, und

diese einzige Person war jener sechsjährige Knabe, der mit der ganzen sorglosen Freudigkeit, die Kinder gewöhnlich auf Reisen erfüllt, alles um sich her beobachtete, weil ihm ja alles eine neue Erscheinung war.

Der Junge sah drollig genug aus, denn über seine sonst nette und sehr reinliche Kleidung hatte mütterliche Vorsicht und Liebe heute Morgen, wahrscheinlich aus Mangel eines Mantels — an den man, bei der vorher so schönen Witterung gar nicht gedacht hatte — einen jener Teppiche geschlagen, wie sie noch bis in die letzten Jahrzehnte von den Tyrolern auch bei uns auf Messen und Jahrmärkten feilgeboten wurden. Da aber der so Eingehüllte klein und schmächtig war, so hing der also improvisirte Mantel ihm von den Schultern bis zu den Sohlen herab, und gab ihm, benebst dem breitgekrämpten Hute, das Aussehen eines kleinen Slawaken.

Aber wie lebendig und feurig blitzten die Augen unter dem Hute hervor; welch' kluges, sinniges Lächeln umspielte den feinen Mund, als er nun die verschiedenen Gruppen beobachtete, die sich indessen in der engen, schmutzigen und dunklen Cajüte gebildet hatten.

Dort in der Ecke saß ein dicker geistlicher Herr, in einen schweren, bis zur Erde reichenden schwarzen Tuchüberrock gehüllt, den dreigespitzten Hut tief in den Kopf gedrückt, die Hände auf dem Bauche gefaltet, — und vollendete unter lautem Schnarchen seinen unterbrochenen Morgenschlaf.

Nicht weit von ihm — und mit dem frommen Schläfer

stark contrastirend — hatten sich zwei wohlhabende Bauern
postirt, deren dicke, bläulichrothe Nasen ganz zu dem Geschäfte paßten, mit welchem sie den unbehaglichen Herbst-
morgen zu überwinden strebten und das unserem kleinen
Beobachter viel Freude zu machen schien. Denn so oft
einer der Bauern ein Gläschen Branntwein ansetzte und
den Inhalt unter Kopfschütteln und Gesichterschneiden
hinuntergoß drehte sich der Kleine lachend nach den Eltern
um, als wolle er sagen: „Habt ihr die drolligen Kerls gesehen, wie sie sich mühen das wüste Zeug zu schlucken und
doch immer wieder neu eingießen?"

War es aber Ueberdruß an diesem Anblicke oder der
starke Geruch des Getränkes, der Knabe wandte sich bald
von den Bauern ab, und da fiel denn freilich sein Blick
auf ein anziehenderes Bild.

Den Bauern gegenüber saß ein nettes, junges Weib
in der malerischen Tracht der schönen Linzerinnen. Sie
hatte ein eng anschließendes Mieder von dunkler Farbe an
und um ihr schlicht gescheiteltes Haar trug sie ein schwarzes
„Tüchl," das — nicht ohne eine gewisse coquette Weise
geknüpft — die langen Enden zur Seite herabfallen ließ.
Ihr blühendes Gesicht mit den frischen, rothen Wangen
und den glänzenden Augen strahlte vor Gutmüthigkeit und
Mutterfreuden: denn sie hielt zwischen den Knieen ein
allerliebstes Kind, das den zwanzig Tauben, die sich vor
ihm in einem großen Korbe befanden, Brodkrumen zuwarf
und laut aufjauchzte, sobald eine derselben flügelschlagend
und aufflatternd, die hingeworfene Speise glücklich erwischte.

Doch wer tritt jetzt zwischen den Knaben und die hübsche Mutter mit dem blondlockigen Kinde, alle Aussicht versperrend? Es ist ein Handelsjude mit seinem Krame von hundert und aber hunderterlei Dingen. Er bietet dem kleinen Mozart — denn wer anders sollte der kleine Mann sein — Bürsten und Kämme, Taschenmesser und Seife, Spielzeug und Hosenträger, Schuhschnallen und Bilder, alles durcheinander an. Wolfgang zuckte mit der Hand nach der Tasche, er hätte für sein Leben gern das Eine oder das Andere erhandelt, aber die Tasche war leer und ein Blick nach dem Vater vertrieb ihm alle Lust; denn die strengen und ernsten Züge des Herrn Vice-Capellmeisters sagten: „Junge! die Reise kostet schon Geld genug!"

Aller weiteren Verführung zu entgehen, bat Wolfgang daher um die Erlaubniß auf das Verdeck steigen zu dürfen, da der Regen nachgelassen habe. Sie ward ihm ertheilt, doch begleitete ihn der Vater, dem es ohnehin schon lange in dem unteren Raume bei den vielen Menschen und verschiedenen Gerüchen zu eng geworden war.

Es fielen jetzt nur noch einzelne Tropfen, ja der Nebel schien sich verziehen zu wollen. Wenigstens war er in einem sichtbaren Kampfe begriffen: bald steigend, bald fallend, — bald sich wie ein Schleier verdichtend und dann wieder zerreißend. Da ließ sich ein leichter Wind verspüren und plötzlich — wie auf einen Zauberschlag — war er verschwunden! Das war ein Jubel! Man hatte einen abscheulichen Tag gefürchtet und nun strahlte die liebe

Sonne so hell und prachtvoll vom rein blauen Himmel
herab, wie kaum am schönsten Sommertage; die Erde
lachte so frisch und heiter, prangte so wundervoll in dem
bunten Farbengemisch des Herbstes, als wäre sie eben neu-
geboren aus dem Meere der Unendlichkeit hervorgestiegen.

Natürlich kam jetzt auch Alles auf das Verdeck, und
zwar mit welch' anderen Gesichtern. Der geistliche Herr
rieb sich vergnügt den Schlaf aus den Augen; die Bauern
vergaßen ihr Frühstück und dehnten sich unflätig, als
wollten sie sich vorbereiten die frische Luft zu durchschwim-
men. Die Mutter tänzelte mit seligen Blicken ihr Kind
auf dem Arme und zeigte ihm die vorüberziehenden Bäume
und Häuser. Zwei Minoriten und ein Benedictiner theil-
ten, aus Dankbarkeit für den glücklichen Wechsel in der
Witterung, Heiligenbilder aus, nur der Jude ließ sich nicht
beirren und ging mit seinem Krame und dem ewig gleich-
förmigen und gleichtönenden: „Nichts zu handeln?" von
einem Passagiere zum andern.

Wolfgangerl aber war seelenvergnügt. Von seiner
Decke befreit, sprang er bald dort und bald dahin und
zeigte sich mit allen Anwesenden so vertraulich, als wenn
er sie schon seine ganze Lebenszeit hindurch gekannt hätte.
Besonders gefiel ihm der Benedictiner, der seinen vielen
Fragen am freundlichsten antwortete, und in dem auch der
Vater einen recht gebildeten Mann erkannte. Er führte
ihn daher zu Frau und Tochter, und bald war das Gespräch allgemein.

„Und wie ist denn der Lauf der Donau von Linz

an?" — frug jetzt Wolfgang Amadeus den Bruder
Benedictiner.

„Die Donau" — versetzte dieser — „fließt hier bei
Linz, wie du siehst, von Bergen eingeengt, in einem un=
getheilten Strome. Bald aber fängt sie an, sich auszu=
breiten, viele große und kleine Inseln zu umfassen und sich
in viele Arme zu spalten, von denen indeß gewöhnlich einer
als die Hauptader betrachtet werden kann. Dies geht so
fort bis in die Gegend des berühmten Strudels bei Grein,
wo dann wieder alle Gewässer vereinigt in demselben
Canale zehn Meilen weit fortpulsiren, bis sie bei der Stadt
Krems sich durch die Gebirge und Engpässe durchgear=
beitet haben, ebneres Land betreten und ihre Insel= und
Armbildung wieder beginnen, was sie dann bis über Wien
hinaus fortsetzen!"

Und in der That, welche Abwechslung bot sich nun
den Blicken der Reisenden dar. Wolfgang und seine
Schwester waren außer sich vor Freude und Entzücken!

Diese Auen mit Espen, Erlen, Linden, Pappeln, Ahern,
Weiden und Gebüschen aller Art; diese Buchten und kleine
Seen mit Tausenden von wilden Enten, Reihern, Krani=
chen und Möven bevölkert. Hier Fischer, die ihre Netze
auswerfen, dort Jäger, die die Höhlen und Wohnungen
der Biber suchen. Dann wieder ein Floß mit singenden
Ruderschlägern oder am Ufer hin 30 bis 40 Pferde —
ein Schiff den Strom hinaufziehend — jedes mit einem
„Stangenreiter" besetzt und aus allen 30 oder 40 Kehlen
das „Ho! Ho!" — „Hasse ha!" — und das Knallen von

ebensoviel Peitschen und das in Bewegungsetzen von vier-
mal vierzig Pferdefüßen! Und alle die Burgen und Ruinen
und Schlösser: Steyeregg, das Schloß der alten Kuhen-
ringer, — Lichtenberg, die Burg der „von Starhem-
berge," — Tillysburg, die alte Festung der Volkers-
dorfe, welche Kaiser Ferdinand seinem Feldhauptmann
„Tilly" schenkte, — Spielberg, der Sitz der Ritter
von Spielberg — und die Schlösser im Schilfe versteckt,
und die zahllosen Dörfer und Klöster und Abteien!

Es war eine Pracht, — es war hinreißend!

„Ja! ja!" — sagte jetzt der Bruder Benedictiner, als
er gewahrte, wie Kinder und Mutter staunten, und selbst
der Vater, der doch die Gegend kannte, vor Entzücken verstummt war, — „Ja! ja! die Donau, dieser mächtige,
schiffbare Fluß, ist der große elektrische Leiter für alle die
Völker gewesen, die von dem Wirbel der Ereignisse in seine
Gebiete geführt wurden. Daher diese vielen baulichen
Denkmäler aller Zeiten. Die Völker hielten an der Donau, als an der Hauptpulsader ihres Lebens, fest und
griffen von ihren Ufern aus, an beiden Seiten, so weit um
sich, als es die Verhältnisse gestatteten."

„Und wer that dies?" — frug hier Wolfgang.

„So breiteten sich die Ungarn auf beiden Seiten der
Donau aus!" — erwiderte der Mönch — „so griffen die
alten Oesterreicher rechts und links derselben um sich, —
so schrieben die Bayern auf beiden Ufern das Land sich
zu, und ebenso fanden sich die Schwaben zur Rechten und
Linken der Donau ein. Alle Länder, Würtemberg, Bayern,

das Land ob und das Land unter der Ens, Ungarn, liegen allesammt an beiden Seiten der Donau, die mitten durch sie hindurchgeht, sie sind daher, so zu sagen wie Perlen auf diesen großen, gewaltigen Silberfaden angereiht."*)

So ging es weiter, bald in belehrendem Gespräche, bald im Anstaunen der ewig wechselnden Bilder.

Wolfgang war selig! Er konnte nicht genug sehen, — er konnte nicht genug fragen.

Und wie hundert, ja tausenderlei hübsche Täuschungen führte der vielgewundene Lauf des Stromes herbei; — wie hunderterlei Erwartungen, kleine Hoffnungen und Befürchtungen machte er rege.

Zuweilen zog er sich langgestreckt vor den Blicken hin, wie eine große, in Silberglanz schimmernde Chaussee, die in nebliger Ferne viel Schönes in Aussicht stellt. Die Reisenden erblickten dann undeutliche Punkte, schwache Schattirungen und matte Umrisse.

Was mag es sein? — Was wird sich zeigen?

Nur Geduld! — Jene Zeit kannte noch nicht den Zauber des Dampfes; aber ihre Kinder waren auch noch nicht, wie wir, verwöhnt, Tausende von Schönheiten mit einem Blick und in einer Minute zu verschlingen, um dann — ungeduldig, ungesättigt und unbefriedigt — nach neuen, massenhaft auf die Sinne losstürmenden Eindrücken zu haschen. Jene Zeit war weit entfernt, ihre Söhne durch die Kraft des Dampfes und die Macht des elektrischen

---

*) Kohl: Hundert Tage. S. 95 u. f.

Stromes über Zeit und Raum zu erheben; aber . . . . sie ließ sie die Poesie des Lebens ruhig und mit vollen Zügen genießen; sie gesellte zu dem Genuß . . . die Gemüth= lichkeit, die für uns, Kinder der Gegenwart, fast nur noch ein Gegenstand der Sage ist.

Geduld also, auch auf unserer jetzigen Reise! Wahrlich diese schöne Tugend lohnt sich reichlich.

Seht nur, wie die Punkte, die wir erst als matte Um= risse sahen, nach und nach wie Samenkörner zu vollstän= digen, prächtigen Blumen aufgehen, zu Blumen, die sich — näher kommend — in herrliche Ansichten, in weite prächtige Landschaften verwandeln.

Seht nur, wie sie wachsen an Farbe und Form, bis ihr Zauberkelch sich voll und duftig vor uns erschlossen hat und ein reizendes paradiesisches Bild vor Auge und Seele führt.

Aber auch dieses Bild verschwindet wieder, und jetzt ist es plötzlich, als ob der Lauf des Stromes in Stücke zerhackt sei. Berge schließen ihn von allen Seiten ein, und das Schiff gleitet sanft und ruhig dahin, wie in dem engen Kreise eines Bergsees. Es dreht sich . . . . und aber= mals trifft der Blick eine solche abgeschlossene Wasser= masse, so daß es scheint, als reihe sich eine Kette von Seen aneinander.

Und alle diese Ruinen — Schlösser — Paläste — Klöster — friedliche Dörfer — nahen Thürme — dunkle Schluchten — offene Thäler — schroffe Abhänge —

lachende Auen — — welch' ein Kaleidoskop voll Pracht
und Schönheit!

Und wenn sich deinem sinnlichen Auge nun auch noch
das Auge der Seele beigesellt; wenn die Blitze der Gedanken funkensprühend in dir aufleuchten; — wenn die
Vergangenheit ihr ungeheures Buch vor deinem Geiste
entrollt, welche wunderbaren Klänge aus der Tiefe längst
versunkener Jahrtausende, welche poetische Gestalten,
welche großartigen, gewaltigen Schatten gleiten dann
vorüber.

„Da ziehen die Nibelungenhelden an den Ufern der
Donau herab. König Etzel zieht herauf, ihnen entgegen;
— eine gewaltige, urkräftige, mächtige Gestalt, wie sie
nur die poetischen Sagen eines Heldenvolkes zu bilden
vermag. Wie Gewitterwolken stoßen sie an einander, und
die Blitze und Klänge der Hunnenschlachten leuchten und
tönen im Donauthale wieder. Und seht! — wer ist jene
gewaltige Erscheinung?... Es ist Karl der Große, der
siegreich herabdringt und triumphirend heimkehrt. Da
kauern sogar noch die Geister der römischen Centurionen
in zahllosen Schaaren am Ufer, und die Schatten ihrer
Weiber kommen weinend und den Germanen fluchend herbei; die Gräber der Tausenden ihrer hier gefallenen Geliebten trauernd zu umkreisen. Dann wieder ziehen
deutsche Bebauer: Franken, Bayern, Schwaben singend
den Fluß herunter. Auf ihren Schiffen haben sie der
Ceres Altäre errichtet, um sie und ihre Mysterien in
fremde Lande zu tragen. Aber der Ungarn wilde Schaaren

stürzen über das Alles herein, über das Alles hinaus, und,
durch die Donauschluchten brechend, bringen sie Trauer
und Verwüstung wie eine mächtige Fluth über die entferntesten Völker. Zwölf Könige der Ungarn reiten
herauf ... zwölf Kaiser der Deutschen ziehen hinab und
spielen durch Jahrhunderte hindurch das blutige Spiel mit
den eisernen Würfeln des Krieges. Aber wie? — tönt es
jetzt nicht wie frommer Sang aus den dahinrauschenden
Wogen empor? — Gestalten auf Gestalten heben sich ....
Hunderttausend und Aberhunderttausend Männer, Ritter
aus Norden und Westen, wallen den Strom hinab, —
pilgern nach fernen Zonen, des Erlösers Grab mit
Thränen und Blut zu netzen. Wie reich, wie herrlich
diese Fahrten der Kreuzheere nach dem Osten! aber wie
furchtbar die Antwort des Orients, die er der Donau hin-
übersendet! Die Janitschaaren überbringen sie nach Wien.
Blut röthet aufs Neue die Wellen des Stroms — Blut!
— Blut! — Blut! — bis der Sturm der Jahrhunderte
auch diese Blätter der Geschichte gewendet und die Sonne
einer friedlicheren Zeit über der Erde aufgegangen, —
bis der Halbmond vertrieben und Deutschland siegreich
seinen Scepter ausreckt, bis zu der Mündung des edlen
Stroms!" —

So ungefähr hatte der Mann in der einfachen Kutte
der Benedictiner gesprochen, der Mann mit dem edlen,
bleichen Gesichte und den tiefliegenden, wunderbaren
Augen. So hatte er gesprochen, mehr zu sich selbst, als
zu den Umstehenden, die ihm staunend zugehört, zumal

Wolfgang, der ihn allerdings am wenigsten verstanden, dem aber seine Sprache wie Musik geklungen, wie eine wunderbare, seltsame Musik, bald aufrauschend im Wogengebrause, bald wehmüthig — wie Schmerzenstöne, bald gewaltig, wie Triumphgesang.

Es waren die Flügelschläge der Poesie, die des Knaben Haupt umschwirrten, die ihn unwillkürlich selbst emportrugen zu noch nicht geahnten Sphären, und ihn von jenen Höhen einen Blick werfen ließen in ein fernes gelobtes Land! — — —

Sie waren zu Ips, einem kleinen Städtchen, angekommen, und da die Minoriten und der Benedictiner in dem dortigen Kloster Messen lesen wollten, nahmen sie die ihnen liebgewordene Familie mit. Wolfgang erschien ungewöhnlich in sich gekehrt und sinnend. Erst als ihm der Vater in der schönen Klosterkirche die Orgel zeigte, thaute er wieder auf.

Es war still und lautlos in dem weiten Raume rings umher, denn die Brüder saßen mit einigen Gästen an der Mittagstafel.

Wolfgang aber schaute die Orgel mit Ehrfurcht an. Was für Töne mußten in diesen gewaltigen Pfeifen ruhen? Töne, wie er sie eben noch bei der Erzählung des heiligen Mannes geahnt! . . . . Melodien, wie sie ihn dort umrauscht — Melodien, von der Weltgeschichte componirt, von den Völkern im Laufe der Jahrtausende ausgeführt.

Plötzlich sagte der Knabe: — „Papa, erkläre mir das Pedal!" —

Der Vater willfahrte mit Freuden. Da rückte der Kleine den Schemel hinweg, und als der Alte die Blasebälge in Bewegung gesetzt, prälutirte Wolfgang stehend und trat das Pedal, als wenn er es Monate geübt. *)

Wie braußten da die Töne durch die Hallen der Kirche, — wie riefen sie schlafende Geister wach, wie blitzten Römer= und Hunnenschwerdter, wie fromm und innig tön= ten der Kreuzfahrer Lieder.

Den Mönchen aber im Refectorium entfielen Messer und Gabeln. Der Bruder Organist war unter ihnen; auch hatte er nie so gewaltig gespielt. Sie lauschten und lauschten; — ja man sah welche unter ihnen erbleichen, Andere bekreuzten sich, bis der Prior aufstand, — Muth faßte und nach der Kirche eilte. Alle folgten — aber — o Entsetzen! — es war kein Organist zu sehen, und doch rauschten und braußten die Töne fort und fort.

„Es ist der leibhafte Satan!" — riefen Einige.

„Es ist ein Wunder!" — stammelten die Anderen. Als aber die Kühnsten nun die Orgel erstiegen, blieben sie wie versteinert stehen.

Da stand ein Kind, — ein sechsjähriger Knabe und spielte. Aber das Kind hörte nichts und sah nichts; dennoch leuchteten seine Augen wie Sterne und seine Stirne glänzte von Begeisterung.

---

*) Geschichtlich wahr. Nissen: Seite 22 u. 37. Jahn: I. Thl. S. 35.

Und immer kühner und immer glühender steigerten sich
die Töne, und wälzten sich fort in gewaltigen Strömen,
bis sie endlich zu einem sonnigen Ruhepunkte gelangten,
dessen letzter Halt das Schiff der Kirche wie ein ersterben=
des Lispeln der Aeolsharfe lange, lange durchzitterte!

Ein neuer Amphion.

Die schönen Tage der Reise waren vorüber — für
Wolfgang und seine Schwester nur zu schnell vorübergegangen; denn wenn auch das Fahrzeug, das sie gebracht,
mit der ganzen Gemüthlichkeit der damaligen Reiseart den
schönen Strom herabgeschwommen, so hätten doch die Kinder in ihrer Glückseligkeit gerne noch acht Tage zugegeben.
Es war so recht das Wehen der vollen Freiheit in Gottes
großer Natur, das sie beseligend anhauchte. Sie athme-
ten die köstliche reine Luft, sie schauten so viel Prächtiges
und Neues; Pater Hermann, der bleiche Benedictiner
— der den Knaben seit seinem Orgelspiel in dem Kloster
zu Ips fast wie einen Heiligen verehrte — erzählte so
manch' Belehrendes, daß Wolfgang, der zu Hause fast
nur mit Gewalt vom Claviere gerissen werden konnte, jetzt
in der ihm so neuen Freiheit und Ungebundenheit wie ein
Seliger schwelgte.

Er war eben immer noch — bei all' seiner fast über=
natürlichen Begabung für Musik — ein Kind, und, als
solches, hier so recht in seinem Elemente. Wie hatten er
und Nannerl gestaunt, als sie, dem Städtchen Grein
vorüber, sich dem bekannten Strudel nahten.

Freundlich grüßend spiegelt hier noch einmal der Strom
die Bilder des hübschen Schlosses Greinsburg und des
Städtchens selbst zurück, bevor er, melancholisch von den
Fichtenwaldungen gefärbt, seine Wellen auf die Folterbank
des „Strudels“ wirft.

Und als sie nun das Inselchen Wörth — das noch als
alter Rest eines vor Jahrtausenden von der Gewalt der
Wasser durchbrochenen Felsendammes wie ein verfallener
Brückenpfeiler mitten im Thorwege des Strudels daliegt
— erreicht, wie fingen da ihre Herzen an höher zu klopfen,
nicht aus Furcht, sondern in Erwartung und höherer Er=
regung.

Auf der Krone des Felsens prangte ein großes Kreuz.
Der bleiche Benedictiner sagte: „Wie der Glaube mitten
im Strudel des Lebens!“ Auch Heiligenbilder waren hier
auf den verschiedenen Stufen des Felsen errichtet, von den
häufig passirenden Schiffern mit Votivgeschenken ge=
schmückt. Wie, dicht vor der gefährlichen Stelle — jetzt
schießen die Dämpfer mit der Schnelle und Sicherheit
eines wohlgezielten Pfeiles hindurch — kleine Boote an
das „Wochenschiff“ heranruderten und anlegten, um den
Reisenden schützende Heiligenbilder und Amulete zu ver=
kaufen. Und in der That erhielt jedes der Kinder von dem

streng religiösen Vater einen geweihten Rosenkranz, mit
dem Bedeuten, ihn bis über die gefährliche Stelle hinaus
zu beten.

Wolfgang gehorchte wie immer, nur daß ihm bei den
Kugeln seine runden Notenköpfe einfielen, und er, während
dem leisen Hersagen der Gebete — den Blick auf die
schauerlich = schöne Passage gerichtet — ein musikalisches
Gemälde in Gedanken componirte, das die emporstarren=
den Felsen, die anbrandenden Wogen, die hinabziehenden
Wasser darstellte.

Von Sarblingstein, das Kaiser Ferdinand baute,
um die Donau gegen die Türken zu befestigen, — von
Freinstein, in dessen Nähe Karl der Große den Her=
zog Tassilo geschlagen, — von Mölf, der schönsten Abtei
des ganzen heiligen römisch = deutschen Reiches, mit seinen
Palästen und Kathedralen, Bibliotheken und Sammlungen,
von den Ruinen der Burg Dürrenstein, auf welcher
Richard Löwenherz so lange gefangen gesessen — Orte
an welchen man allen vorüberkam — wußte Bruder Her=
mann viel zu erzählen, und nur mit Thränen trennte man
sich in dem Städtchen Stein, — wo man das letztemal
übernachtete, — von ihm.

Aber wir Sterblichen müssen ja alle schon als Kinder
den Schmerz der Trennung kennen lernen; denn er ist der,
der am häufigsten im Leben unser Herz zerreißt, bis dieses
die letzte Trennung . . . . von allen Schmer=
zen heilt!

5*

Auch von der herrlichen Donau mußte geschieden
sein, aber hier überwogen die Erwartungen alles
dessen, was Wien — die stolze Kaiserstadt — bieten
würde, jede Wehmuth. Außerdem ließ auch die Mauth
keine Zeit zu weiteren Betrachtungen; denn da die
Familie Mozart darauf vorgesehen war, längere Zeit
in Wien zu bleiben, so fehlte es ihr an Koffern, Kasten
und Schachteln nicht.

Auf der Schanzel-Mauth*) war indessen viel zu thun,
und der Herr Vice-Capellmeister hätte wohl, wie so manch
anderer Reisende, Stunden lange warten können, wäre ihm
nicht in seinem Söhnchen ein Deus ex machina erschienen.

Mit der ihm eigenen Vertraulichkeit hatte sich nämlich Wolfgangerl dem Mauthner genähert, und da dieser,
als gemüthlicher Oesterreicher, ein Freund der Kinder war,
gefiel ihm das offene und heitere Wesen des hübschen
Knaben sehr.

So frug ihn Wolfgang, nach Art der Kinder, warum
er denn allen Leuten die Kisten und Kasten aufmache und
hineinschaue?

Lachend erklärte der Mauthner sein Geschäft; stellte
dann aber auch an den kleinen Mann die Gegenfrage:
„Was denn er in der Kaiserstadt thun wolle?"

„Clavier spielen!" — entgegnete Wolfgang mit
Stolz.

*) Nissen: 22. Jahn: I. Thl. 35.

„Ja, Clavier spielen!" — rief jener lachend — „wird was sauberes Clavier spielen können mit seinen kleinen Pratzerln!"*)

Aber dieser Zweifel an seiner Kunst ärgerte Amadeus sehr. Glücklicherweise bildete des Vaters Clavier — welches man, der Uebung wegen, und weil solche Instrumente damals noch wenig zu haben waren, mitgenommen hatte — einen Theil des Mozart'schen Passagier-Gutes. Ohne ein Wort zu sagen, ging Wolfgang daher hin, rief einen Arbeiter herbei, ließ den Deckel der Kiste, die das Clavier einschloß, aufmachen, und fing an, so lustige Tänze zu spielen, daß der Mauthner ein über das anderemal vor Entzücken in die Hände schlug. Ja die ganze Mauth ward rebellisch, und es fehlte wahrlich nicht viel und der Raum, der sonst meistens nur harte Worte, grobe Redensarten, Seufzer und Flüche zu hören bekam, hätte sich in einen Concert- und Tanzsaal umgewandelt.

Jedenfalls wirkte Wolfgang's Spiel mit ähnlicher Zauberkraft, wie die Musik großer Meister es schon im Alterthume gethan haben soll. Orpheus belebte durch den Klang seiner Lyra Bäume und Felsen; — Amphion setzte durch seine Melodien Bausteine in Bewegung, so daß sie sich selbst zu Theben's Mauern aufrichteten; — Arion bezauberte durch seine Lieder einen Delphin so sehr, daß er ihn auf seinem Rücken von Tarent nach Tänaros

---

*) Händchen.

durch's Meer trug; — und der kleine Mozart spielte
so lieblich, daß sein Herr Vater sofort auf das
freundlichste und schnellste abgefertigt und von
der Hauptmauth ganz dispensirt wurde.*)

---

*) Nissen: S. 22. Jahn: I. Thl. S. 35.

Am Wiener Hofe.

Der Ankunft des jungen Künstlerpaares in Wien war ein großer Ruf vorausgegangen. Graf Palffy nämlich hatte die Mozart'schen Kinder zu Linz in einem Concerte gehört, und mit Enthusiasmus dem Erzherzog Joseph davon erzählt, ihm auch mitgetheilt, daß beide Wunderkinder in kurzer Zeit in der Hauptstadt eintreffen würden. So war die Nachricht an die Kaiserin und durch diese an den gesammten hohen Adel gelangt.

Ein Clavier-Virtuose von sechs Jahren, das war noch nicht dagewesen, mithin ein glückliches „Evénement" in dem verbrauchten, ausgebeuteten Leben der ganzen Wiener Haute volée.

Das Neue, das Ungewohnte allein reizt ja die blasirte Menge und bringt Färbung in ihr — mitten in allen Genüssen — so ödes Leben.

Kaum hatte daher der Vater seine Empfehlungsschreiben
an die Gräfin Sinzendorff, eine höchst liebenswürdige
und freundliche Dame, abgegeben, als für ihn und die
Kinder die Einladungen regneten, und zwar um so mehr,
als die Protection einer so hohen Dame der Schlüssel zu
allen Salons war; denn das reichsgräfliche Geschlecht der
Sinzendorff galt als eines der ältesten der Monarchie
Leitete es doch seinen Ursprung von den alten Grafen von
Altorf, welfischen Stammes, ab; — ruhte doch seit 1625
das Obrist-Erbmundschenken-Amt in Oesterreich ob der Ens,
und das Obrist-Erb-Land-Vorschneider-Erbschildträger-
und Kampfrichter-Amt in Oesterreich ob und über der
Ens auf ihm.

Trotz aller dieser hohen Würden und — nur in Deutschland möglichen — Titel, war indessen die Gräfin eine
so liebenswürdige Erscheinung, so herablassend und herzig,
daß sich Wolfgang schon beim ersten Besuche mit der
gleichen Offenheit und Ungenirtheit an sie anschloß, wie er
es bei dem Benedictiner und dem Mauthner gethan. Da
das Wesen des Kindes demohnerachtet aber bei aller Zu-
thulichkeit und Schalkheit weit entfernt von Zudringlichkeit
war, so eroberte Wolfgang schon dadurch die Zuneigung
der hohen Frau, die sein eminentes Talent ihm dann doppelt sicherte.

In der That trat denn auch die Gräfin Sinzendorff
fast wie eine zweite Mutter des kleinen Mozart auf; so
daß sich die Künstlerfamilie bald von den Grafen Col-
lalto, Wilschegg, dem Reichs-Vicekanzler Grafen von

Colloredo, dem ungarischen Kanzler, Grafen Palffy,
dem böhmischen Kanzler, Grafen Choteck, dem Bischof
Esterhazy, dem Baron Schell, dem Prinzen von
Hildburghausen u. s. w. zu musikalischen Productionen
eingeladen sah.*)

Aber nun erfolgte auch noch, zur großen Freude des
guten Vice=Capellmeisters, eine Einladung an den kaiser=
lichen Hof selbst.

Wolfgangerln schien sich weniger daraus zu machen.
Ein Kind, wie er, legt noch keinen so hohen Werth auf
fürstliche Auszeichnung, wie Erwachsene; von dem pecu=
niären Vortheil hatte er noch gar keinen Begriff, und was
sein Spiel anlangte, so ließ er sich weit lieber vor Leuten
hören, die Musik verstanden, als vor solchen, die nur das
Wunderkind in ihm anstaunten. Und seltsamer Weise
verrieth er in dieser Beziehung einen ganz ungemeinen
Tact und Scharfblick, und Niemand vermochte den Kleinen
hierin so leicht zu täuschen.**)

Dennoch regte auch ihn die Einladung vor Oester=
reichs Kaiserin zu erscheinen und Proben seines Talentes
abzulegen, etwas auf, als der dazu bestimmte Tag heran=
kam; wenn auch die Neugierde den überwiegensten Theil
an dieser Erregung hatte.

Endlich erschien die anberaumte Stunde, und auf den
Glockenschlag drei Uhr rollte eine kaiserliche Hofequipage

---

*) Nissen: Seite 22 u. 23.
**) Oulibicheff: I. Thl. Seite 12.

mit reichgalonnirten Dienern vor. Der geheime Zahl=
meister ihrer Majestät in großer Gala holte Vater und
Kinder ab. Die Pferde brausten davon, und ehe eine halbe
Stunde vergangen, stand die Familie Mozart in dem
Vorzimmer der Kaiserin.

Es ist etwas eigenes — eine Audienz erwartend — in
dem Vorzimmer eines Großen zu stehen.

Freilich kommt sehr viel darauf an, was wir unter
„Großen" verstehen.

„Voulez vous être grand homme? oubliez que
vous êtes prince!"*) sagt ein berühmter Franzose (und
mit ihm der unvergleichliche lachende Philosoph). Aber
dies kann nur in einem gewissen Sinne gelten; gerade der
Mann, der nicht bloß „groß" heißen, sondern es auch
sein will, wird es nur dann sein, wenn er jeden Morgen in
Geist und Herz erwägt, was es heißt, Fürst sein (das ist
the first, der Erste), das Oberhaupt von Millionen Men=
schen, deren Wohl und Wehe von ihm abhängt. Es ist in
der That etwas „Großes" um die wahren „Großen",
als Regierer ganzer Staaten. Ihr Beruf ist heilig und
schwer . . . . denn . . . auch sie sind Menschen, und gerade
auf dem wichtigsten Posten — auf dem Throne —
lernen sie, verhindert durch ihre Lage und Umgebung,
die Menschen am wenigsten kennen. Ihr Beruf ist so
schwer, daß ein ängstlicher Mann, der seinen Beruf ganz

---

*) „Wollt ihr ein großer Mann sein, vergeßt, daß ihr Fürst
seid!"

übersieht, vielleicht sich weigern würde, einen Thron zu besteigen.

Das höchste menschliche Ideal ist das eines Königs, wie er sein soll, um „groß" zu sein. Können wir uns da wundern, wenn so wenig Könige, nachdem mit ihrem Hingang die Schmeichler abgetreten sind, diesem Ideale sich nähern?

Die Geschichte kann übrigens Maria Theresia „Größe" nicht absprechen.

Unter welchen unendlich schwierigen Umständen hatte sie den Thron bestiegen, — welche Gefahren wußte sie zu überwinden, — welche Quellen der Macht eröffnete sie ihren so ganz gesunkenen Staaten, — welche Begeisterung und Liebe für sich entflammte sie in den Herzen ihrer Völker?

Fast gegen die ganze Welt im Kampfe, erhielt sie nicht nur ihre weiten Reiche, die Spanien, Frankreich, Baiern, Sardinien, Sachsen und Preußen schon in Gedanken unter sich getheilt hatten, nein — sie ging auch in denselben den Weg der Reformation, und nahm, bei allen dort noth= wendigen Rücksichten diejenigen inneren Verbesserungen vor, die sich mit dem ihr angeborenen Verstande und guten Willen machen ließen.

Sie mußte den hohen Adel, dem sie Dank schuldig war, schonen; aber sie suchte denselben, da ihm der alleinige Zutritt zu den höheren Stellen nicht entzogen werden konnte, durch Errichtung von Ritter=Akademien zu nöthigen, daß er sich Kenntnisse erwerbe.

Sie konnte die Pedanterie und das Perrückenthum der alten Staatsmänner ihres Reiches nicht auf einmal beseitigen, und ließ deshalb lange das bisherige Ministerium Uhlefeld-Bartenstein bestehen, über dessen Mitglieder sie sich selbst zuweilen spottend äußerte; aber sie schenkte ihr eigentliches Vertrauen nur einem genialen Manne: dem Grafen Kaunitz, der später mit ihr ein „neues" Oesterreich anbahnte.

Und welche Verbesserungen sah ihre Regierung im Verwaltungswesen.

Während sich die kleinen deutschen Höfe und Höfchen, — wie jener des Fürst-Erzbischofs von Salzburg — durch unsinnigen Aufwand und kindische Ueberhebung ruinirten, beschränkte man in Wien die Mißbräuche, die in der Hofhaltung eingerissen waren, und entließ den größten Theil der „vierzigtausend" Kammeralisten, die unter dem Vater Maria-Theresiens, Kaiser Karl VI., vom Hofe gelebt und jährlich zehnthalb Millionen gekostet hatten.*) Dann reformirte sie — durch ihren Gemahl — die Art, wie die Abgaben erhoben wurden; denn die Zahl der mit der Erhebung beschäftigten Personen betrug damals nicht weniger als „sechzigtausend," und von diesen entließ man so viele, daß dadurch jährlich abermals „zwölf Millionen" erspart wurden.**) Auch die anderen Zweige der Staatsverwaltung wurden

---

*) Schlossers Weltgeschichte: 16. Theil S. 208 u. 263.
**) Ebendaselbst.

unter Maria Theresiens Regierung völlig, und im
Sinn und im Geiste eines gemäßigten Fortschrittes um-
gestaltet. So trennte man schon 1749 Justiz-, Polizei-
und Kammer-Angelegenheiten von den eigentlichen Staats-
geschäften und Ministerien, und übertrug sie besondern
Behörden; — so verminderte man die Zahl der Feiertage
und beschränkte die politische Gewalt der Geistlichkeit; so
hob Maria Theresia, gleich Friedrich dem Großen,
die Tortur auf — so verbannte sie die Hexenprocesse, das
Zufluchtsrecht der Kirchen und die Inquisition.*) Auch
die Frohndienste wurden gemildert, und in allen diesen
Reformen zeigte die Kaiserin ebensoviel Muth, Unter-
nehmungsgeist und Entschlossenheit, als Ruhe, Scharfblick
und Klugheit.

Dies in Wahrheit „große Streben“ erwarb ihr denn
auch die ungetheilteste Liebe des Volkes, während ihre
Privattugenden und ihre Herzensgüte die Achtung,
die man ihr als Fürstin zollte, auch auf das Weib über-
trugen.

So stand Maria Theresia „groß“ da, und hoch
durften wohl die Herzen derer schlagen, die ihr persönlich
entgegentreten sollten.

Flüchtig hatten denn diese Gedanken auch des Vice-
Capellmeisters Hirn durchkreuzt, als sich jetzt die Flügelthüren geräuschlos öffneten und der erste Kammerherr
ihrer Majestät die Harrenden zum Eintritt aufforderte.

*) Mailand.

Es war ein prachtvolles Gemach, in welches sie traten, ein großes regelmäßiges Achteck bildend, von dessen acht Seitenflächen viere mit ungeheuren, in breite Goldrahmen gefaßten venetianischen Spiegeln bedeckt waren. Zwei der andern zeigten ebenso riesige Fenster, von schwerseidenen Vorhängen halb verhüllt, während die übrigen zwei Seiten durch Flügelthüren nach den Vorzimmern und den inneren Gemächern der Kaiserin führten. Ein großer massiv silberner, durchaus vergoldeter Kronleuchter, dessen acht Arme wunderbare Schnörkel bildeten, hing an einer schweren Kette von gleichem Metall von der gemalten Decke herab. Die Wände bedeckte eine Tapete von weißem Seidenzeug mit eingewirkten vielfarbigen Blumenbouquets, während sämmtliche Möbel mit demselben Stoffe überzogen und in ihrem Holzwerk durchaus vergoldet waren. Ein glänzend parquetirter Fußboden, — einer bräunlichen Alles wiederspiegelnden Eisfläche nicht unähnlich — und zwei schöne Augsburger Claviere vollendeten das Ganze, das in seiner einfachen Pracht imponirend wirkte, und doch auch wieder einen ganz eigenen Hauch von Gemüthlichkeit verbreitete.

Maria Theresia saß, fast in der Mitte dieses Gemaches, auf einem hohen, von einer goldenen Krone überragten Sessel, umgeben von den Prinzen und Prinzessinnen und ihrem Hofstaate, während ihr Gemahl, Franz I., an einem der Instrumente lehnte.

Es war ein hübsches Bild, das auf diese Weise die eben angeführte Gruppe hervorrief. Denn die Kaiserin

selbst, war, obgleich damals schon 45 Jahre alt und sehr
stark, doch noch immer schön zu nennen. Die gebogene
Nase, der fein geschnittene Mund, die großen blauen Augen, die kühngeschwungenen Augenbrauen und die hohe
Stirne, gaben ihrem Gesichte einen Ausdruck von Hoheit
und stiller Würde, während der Blick und ein gewisser Zug
um den Mund, Herzensgüte und Menschenfreundlichkeit
verriethen.

Man mußte sich unwillkürlich von ihr hingezogen fühlen und leicht war es jetzt dem Vice-Capellmeister begreiflich, wie Maria Theresia's Schönheit und Liebenswürdigkeit einstens ganz Ungarn hinreißen und bezaubern
konnte.

Um aber das Reizende der Gruppe zu vollenden, stand
neben der Mutter ein Theil der jungen Erzherzöge und
Erzherzoginnen, von welch' letzteren eine, ein engelgleiches
siebenjähriges Kind, sein Lockenköpfchen auf den Arm der
Kaiserin gelegt hatte. Es war Maria Antoinette,
die nachmals so unglückliche Königin von Frankreich.

Wer hätte damals ahnen können, daß dies holde Wesen, — den ganzen Zauber der Kindlichkeit und Unschuld
in den Zügen, — einst auf dem Blutgerüste sein Leben
aushauchen werde? — Doch .... warum den Schleier
der Zukunft heben, mit dem die Güte des Allmächtigen so
weise die kommenden Zeiten den Augen der Sterblichen
verhüllt hat.

Blicken wir lieber noch einmal auf das vorgeführte
Bild, dessen Hintergrund sich fast komisch von den Haupt-

figuren abhob, da er von den steifen hochadeligen Gesichtern alter Hofdamen und den, von langen und mächtigen
Perücken beschatteten Häuptern ergrauter Cavaliere, die
sich in ihren goldstrotzenden Kleidern kaum zu bewegen vermochten, gebildet wurde.

Von allem dem sah indessen unser guter Wolfgangerl
nichts, als die freundlich zu ihm hinblickende Kaiserin und
das Lockenköpfchen Maria Antoinettens, das ihm besser
gefiel, als alles, was er bisher gesehen. Indessen blieb
ihm auch keine Zeit Beobachtungen zu machen, denn Franz I.
war bereits zu ihm hingetreten und hatte ihn der Kaiserin
zugeführt, die ihm, wie eine Mutter, beide Hände mit den
Worten entgegenstreckte:

„Das ist also der kleine Clavier-Virtuose von dem man
Uns so viel erzählt?"

„Ja, Majestät!" — antwortete Wolfgang so unbefangen und heiter, als spreche er zu seiner eigenen Mutter
— „klein bin ich, das ist wahr; daß ich aber dennoch etwas
auf dem Clavier leisten kann, das möchte ich Euch, Frau
Kaiserin, gern beweisen!"

Ein panischer Schrecken zuckte bei diesen ungenirten
Worten des Kindes wie ein elektrischer Schlag durch das
ganze kaiserliche Gefolge, und nur die riesigen Coiffüren
der Hofdamen und die lockenschweren Perrücken der Hofca-
valiere verhinderten sämmtliche hochadelige Haupthaare,
sich wegen dieses Frevels gegen die Hof-Etiquette berges-
hoch zu sträuben.

Der Kaiser und die Kaiserin aber lachten, und letztere, die ein augenscheinliches Gefallen an dem offenen Wesen des Knaben fand, frug:

„Bist du denn auch deiner Sache so gewiß? dahinten bei den Herren sind viele, die Musik meisterhaft verstehen, sie werden dich scharf beurtheilen."

Wolfgang bog sich bei diesen Worten der Kaiserin zur Seite und schaute mit seinen großen klugen Augen nach dem Gefolge; dann schüttelte er mit verächtlicher Miene den Kopf und sagte:

„Nu! von denen scheint mir Keiner was von Musik zu verstehen!"

„Und warum?" — frug Maria Theresia.

„Ich seh' es ihnen an: sie sind viel zu steif!"

Jetzt mußte die Kaiserin aber laut auflachen, und so lachte denn in Gottes Namen — nolens volens — der ganze, sich eben nicht geschmeichelt fühlende Hofstaat mit, wenn auch die sauersüßen Mienen so manchen hoch-adeligen Gesichts bewiesen, wie schwer ihm dies Lachen wurde.

Maria Theresia aber streichelte Wolfgangs Wangen, und mit jener gewinnenden seelenvollen Freundlichkeit, die sie stets im Kreise ihrer Familie zu entfalten wußte, nach ihrem Gatten blickend, sagte sie:

„Franzerl, das ist ein Goldbue, der sollte Staatsmann werden; zu déchiffriren versteht er wenigstens vortrefflich!"

Der Kaiser nickte beifällig indem er beifügte: „Und an Muth gebricht es ihm auch nicht."

„So wollen wir ihn hier behalten!" — rief jetzt die kleine Maria Antoinette, ihr Lockenköpfchen erhebend und die Mutter mit leuchtenden Augen anblickend. — „Er gefällt mir auch."

„O!" — meinte die Mutter, — „das wäre so übel nicht; ihr alle würdet an ihm wenigstens ein Beispiel haben, wie man Clavier spielen soll."

„Spielt er denn so gut?" —

„Vortrefflich, sagt man."

„Nun so soll er sich einmal hören lassen."

Wolfgangs Köpfchen glühte von den eigenthümlichen Gefühlen, die die Worte der kleinen reizenden Erzherzogin in ihm hervorgerufen. Sein Ehrgeiz war erwacht und vielleicht auch die Ahnung eines anderen noch tieferen Gefühles, das später sein empfängliches Herz noch oft berühren sollte. Rasch wandte er sich daher dem Instrumente zu, fest entschlossen, sein Bestes zu thun, um der schönen kleinen kaiserlichen Hoheit zu zeigen, daß man nicht zu viel von ihm gesagt. Aber der Kaiser trat ihm mit den Worten entgegen:

„Halt, kleiner Mann! Wenn du die Herren und Damen da nicht ebenbürtig in der Kunst hältst, und nicht glaubst, daß sie ein Urtheil über dein Spiel zu fällen im Stande sind, wer soll dann Richter sein?"

Aber der Knabe besann sich nicht lange:

„Ist Herr Wagenseil nicht hier?" — rief er so laut,

daß es alle hören konnten, — „der soll kommen, der versteht es!" *)

Der Kaiser, den die Naivetät des Knaben immer mehr
entzückte, gab ein Zeichen, daß man Wagenseil rufe.
Unterdessen aber hatte Wolfgang ohne alle Complimente
seine Schwester herbeigeholt und sie der Kaiserin mit den
Worten vorgestellt:

„Das ist die Nannerl, meine Schwester, die so gut
spielt, wie ich!"

Maria Theresia kam über diese drollige Vorstellung
gar nicht aus dem Lachen. Sie winkte jetzt Vater Mozart
selbst herbei, und unterhielt sich längere Zeit sehr freundlich und herablassend mit demselben über die beiden Kinder
und deren wunderbare Begabung.

Unterdessen hatten aber auch die Erzherzoginnen sich
Nannerln genaht, während Maria Antoinette ihre
kindlichen Fragen an Wolfgang richtete, dessen Wangen
immer mehr zu glühen begannen.

Bald lauschte auch die Kaiserin diesem Gespräch, und
da Wolfgang eben zu ihrer Freude so ganz ohne allen
Neid das Spiel seiner Schwester lobte, frug sie:

„Hast du denn deine Nannerl auch recht lieb?"

„Gewiß!" — rief der Knabe, mit strahlenden Blicken
die Kaiserin anschauend, und ihre beiden dargebotenen

*) Wagenseil war früher Musiklehrer der Kaiserin und
als Componist damals allseits bekannt. Jahn: 1. Thl. 38 u. s. w.
Nissen. Oulibicheff.

6*

Hände abermals fassend, — „aber dich hab' ich auch lieb,
denn du gefällst mir sehr!" *)

„Außerordentlich schmeichelhaft!" — sagte heiter die
Herrscherin — „und wie willst du mir das beweisen?"

„Daß ich dir ein Schmatzerl gebe!" — rief der Knabe,
und ehe noch die Hofdamen Zeit hatten, über diese ganz
unerhörte Kühnheit ohnmächtig zu werden, und die Herren
nicht wußten, ob sie den Degen ziehen oder in die Erde
sinken sollten, war Wolfgangerl der Kaiserin auf den
Schooß gesprungen, hatte sie um den Hals genommen und
recht tüchtig abgeküßt. **)

Maria Theresia, der Kaiser und die älteren Erzherzoginnen lachten, wie vielleicht niemals wieder in ihrem
Leben, so daß sie sich die Thränen aus den Augen wischen
mußten; da dies aber der Hof hörte, erholte er sich rasch
von dem neuen Schrecken, und lachte in Corpore ganz „hofwidrig" mit.

Indessen war Wagenseil eingetreten, und der Kaiser
lud Wolfgang nun zum Spiele ein.

Wie der Blitz war denn auch dieser am Clavier, und
sich zu dem Musiklehrer der Kaiserin wendend, rief er:

„Es ist mir sehr lieb, daß Sie da sind. Ich spiele ein
Concert von Ihnen. Sie müssen mir umwenden." ***)

*) Des Kindes eigene Worte. Nissen: S. 30. Oulibicheff:
I. Thl. S. 12.

**) Geschichtlich: Nissen: S. 24.

***) Mozarts eigene Worte. Oulibicheff: I. Thl. S. 12.
Jahn: I. Thl. S. 38.

Und nun flogen die kleinen Finger über die Tasten, daß Alle staunten. Und wie der kleine Mozart weiter und weiter spielte, da ward es — still und stiller, — — und bald hörte man keinen Athemzug mehr.

O welche wunderbare Bewandniß hat es doch um die Musik! Die Töne erwecken jede schlummernde Empfindung, wirken erheiternd, belebend — und doch auch wieder schmerzlich anregend und schmerzstillend, begeisternd und doch auch wieder besänftigend! Die aufjauchzenden öffnen dem Blick eine Zukunft voll Sonnenglanz und Licht; die dahin sterbenden erinnern uns an Vergänglichkeit und Tod! — Ja es giebt schmelzende, entzückende Töne, die wie aus einer anderen Welt zu uns herüberklingen und aus dem Reiche der Lüfte die Geister der Harmonie wach rufen, daß sie Herz und Seele uns entführen, und wir schon hienieden den Zusammenklang der himmlischen Sphären, die Harmonie der Engelschöre zu hören glauben.

Einen solchen Eindruck machte denn auch des Knaben Spiel auf die Anwesenden, namentlich als er über ein Thema Wagenseils noch lange fortphantasirte.

Als er geendet, war Alles entzückt, und das „herrlich! herrlich!" aus dem Munde Wagenseils und der Majestäten hallte in hundertfachem Echo und endloser Steigerung in dem ganzen Kreise des Hofes wieder.

Auch Nannerls Spiel gefiel ungemein; doch ward die Schwester durch des Bruders Jugend und geniale Art der Auffassung und des Vortrages weit verdunkelt. Die Kaiserin aber, ganz ergriffen, rief ein über das anderemal:

„Lieber Vice=Capellmeister, was wünsche ich ihm
Glück zu diesen Kindern. Da hat ihm der liebe Gott
ein großes Geschenk gegeben, aber auch schwere Pflich=
ten auferlegt; denn unverzeihlich wäre es, würden diese
herrlichen Naturanlagen nicht auch entsprechend aus=
gebildet."

„Majestät!" — entgegnete Mozart, als die Kaiserin
hier schwieg, mit ungezwungener Bescheidenheit, — „ich
fühle diese große Gnade Gottes vollkommen; aber ebenso
sehr bin ich auch über die Aufgabe meines Lebens klar, und
wenn es dem Himmel nur gefallen wird, mir die nöthigen
Mittel an die Hand zu geben, die Ausbildung meiner
Kinder zu vollenden, so soll es dabei an mir gewiß nicht
fehlen."

„Die Mittel werden nicht ausbleiben," — versetzte
Maria Theresia — „und wären Wir nicht augenblick=
lich wieder in diesen unseligen Krieg mit Preußen ver=
wickelt, der alle finanziellen Kräfte des Landes in Anspruch
nimmt und verschlingt, so würden Wir selbst die ganze
weitere Ausbildung der beiden Kinder übernehmen. Doch
auch so soll gethan werden, was der Augenblick zu thun
erlaubt. Ihr bleibt doch noch einige Zeit in Wien?"

„Schon diese gnädige Frage kaiserlicher Majestät würde
mir Befehl sein," — entgegnete der Vice=Capellmeister
geschmeichelt, — „selbst, wenn er mit unserem Vorhaben
nicht übereinstimmte. Wien ist die Stadt der Clavier=
spieler, — seit Maria Theresia, die erhabene Be=
schützerin alles Edlen und Schönen, die Kaiserkrone trägt,

— die Metropole der Künste, wo könnten meine Kinder ihre Laufbahn besser beginnen als hier?"

„Das ist recht!" — versetzte beifällig die Kaiserin — „und wie seid ihr mit Unserem Adel zufrieden? Wir wollen hoffen, er interessirt sich für die angehenden Künstler."

„Gewiß!" — entgegnete Vater Mozart; aber es spielte bei diesem „Gewiß" ein so eigenthümliches Lächeln um den Mund des Vice-Capellmeisters, daß Maria Theresia nach dessen Ursache frug.

„Je nun, kaiserliche Frau" — versetzte der Angeredete — „über die freundliche Aufnahme dürfen wir nicht klagen, wenn nur der Werth der Kunstleistung nicht über das „Wunderkind" übersehen würde."

„Es geht eben hier" — sagte die Herrscherin tröstend — „wie in allen großen Städten. Die blasirte Welt will „Wunder" haben, die sie durch ihr Unerhörtes aus der Indolenz aufrütteln. Ueberall finden sich Menschen, die nur aus Eitelkeit und der Mode wegen Concerte geben und besuchen und dann oberflächlich über die Musik raisonniren, oder besser gesagt déraisonniren! Wir sind indessen überzeugt, daß das Urtheil weniger Kenner bei euch, Herr Vice-Capellmeister, das Geschwätz aller Nichtkenner hundertmal überwiegt."

Ein lautes Gelächter, das von der Seite her schallte, auf welcher sich der Kaiser mit Wolfgang seither unterhalten, unterbrach hier das Gespräch. Maria Theresia sah sich erstaunt um, und es blitzte etwas wie Zorn in ihrem Auge auf. Aber sie selbst mußte lächeln, als der Kaiser nun herantrat und ihr berichtete, daß er den Knaben eben gefragt: Wen er für den größten Musiker der Vorzeit halte? und dieser ihm geantwortet habe: „Den Trompeter, der die Mauern Jericho's umblies!"

„Ich fange ihn indessen doch noch!" — sagte Franz I. jetzt, und sich zu dem kleinen Mozart wendend, fuhr er fort:

„Höre einmal, Wolfgang, es ist keine große Kunst mit allen Fingern zu spielen; aber nur mit einem Finger oder auf einem verdeckten Claviere zu spielen, das würde Bewunderung verdienen!"

Wolfgang schwieg; aber statt aller Antwort trat er neuerdings an das Instrument und führte mehrere sehr schwierige Passagen mit einem Finger aus; dann ließ er sich auch die Claviatur bedecken und spielte dennoch so gut, daß seine Zuhörer hätten glauben können, er habe sich durch lange Uebungen auf diese Art von Prüfung vorbereitet. Und doch war es das erste Mal, daß er es versucht hatte.*)

Der Kaiser aber stand hinter ihm und rief ein über das anderemal: „Hexenmeister!" — „Verteufelter kleiner Hexenmeister!"

So war längere Zeit vergangen, als Maria Theresia, nach zahllosen Beweisen ihrer Huld, das Zeichen zur Entlassung gab. — „Wir sehen uns wieder!"— sagte sie

---

*) Thatsache: Nissen. Oulibicheff.

dabei — „denn ich danke den Kindern einige glückliche Stunden und möchte ihnen auf diese Weise noch mehr verpflichtet sein!"

Noch einmal hob sie hierauf den Knaben empor, küßte ihn herzhaft, reichte Nannerl die Hand und entfernte sich dann, von ihrem Gemahl geleitet mit dem Hofe.

Wolfgang und Nannerl aber hielten jedes einen schönen Diamantring in der Hand und der Vater strahlte in Seligkeit.

Der kaiserliche Zahlmeister.

So war also der Empfang bei Hofe ein höchst ehren-
voller und freundlicher gewesen; aber der nach allen Seiten hin praktische Vice-Capellmeister sah doch sehnlichst
auch noch der durch die Kaiserin angedeuteten klingenden
Anerkennung der Talente seiner Kinder entgegen; nicht
aus Habsucht oder Geiz, wohl aber, weil er, wie wir
wissen, nur dadurch in den Stand gesetzt werden konnte,
den herrlichen Naturanlagen seiner Kinder die nöthige
Ausbildung zu geben.

Er war — wie schon gesagt — ein sehr lebenskluger
Mann. Niemand hatte einen würdigeren Begriff von der
Kunst und dem hohen Berufe eines Künstlers, wie er;
nichts desto weniger setzte er einen größeren Werth auf
eine klingende Kundgebung des Enthusiasmus von Seiten des Publikums, als jede andere Art von Anerkennung,

womit dasselbe ihn an den Tag zu legen pflegt. Ebenso beschäftigte ihn das Positive und Gegenwärtige mehr, als das Ungewisse der Zukunft und namentlich der Gedanke: wie die Nachwelt urtheilen würde. Dies alles gab dem alten Mozart allerdings etwas spießbürgerliches; während der kleine Wolfgang schon jetzt Genialität verrieth.

In der That entwickelte sich denn auch später die Individualität des Sohnes im schneidendsten Gegensatze zu der des Vaters, indem beiden nichts mit einander gemein blieb, als jene Offenheit und Rechtschaffenheit, die sie — den Einen wie den Andern — so ehrenvoll durch ihr ganzes Leben auszeichnete. Allein diese Contraste, sowohl nach Gemüthsart als Temperament, zwischen zwei Wesen, deren Fähigkeiten so verschieden ausfielen, während doch ihre gegenseitige Verbindung unumgänglich nothwendig war, zeigten eigentlich doch nichts Anderes, als die vollkommenste Uebereinstimmung zwischen den Mitteln und dem Zwecke.

Blicken wir jetzt — in unsern Tagen — auf beide zurück, so stellt die Summe der Fähigkeiten des Einen den reinen Genius dar, ... die Mensch gewordene musikalische Kunst, das Fleisch gewordene Vermögen übersinnlicher Begriffe. Dagegen bildete die Summe der Fähigkeiten des Anderen — des Vaters — gerade alles das, was durchaus nothwendig war, um diesen Genius auf den äußersten Punkt der Möglichkeit des Vollbringens zu erheben, ... um diese übersinnlichen Begriffe praktisch in eine Menge Meisterwerke zu verwandeln. Einen geeigneteren Vater hätte die Vorsehung diesem Sohne gar nicht geben können.*)

Was aber die Hauptsache ist, Vater Mozart erkannte und durchschaute diese gegenseitige Stellung schon gleich vom dritten Jahre seines Kindes an. Da er aber damit auch zu der Ueberzeugung kam, daß die Vorsehung ihn zum Werkzeuge einer außerordentlichen Erscheinung erkoren habe, so weihte er sein ganzes „Ich" der Pflege dieser „**Wunderblume**", welche Gottes Gnade ihm hatte erblühen lassen. Indem nun aber zu einer entsprechenden Ausbildung der Kinder — und namentlich des Sohnes — die eigenen Mittel nicht reichten, mußte der Vater natürlich auf weitere Hilfsquellen bedacht sein.

Man kann sich daher denken, welch' freundliches Gesicht Herr Leopold machte, als einige Tage später der ihm schon bekannte Hofwagen wieder vor seiner Wohnung hielt, und der kaiserliche Zahlmeister ausstieg. Nach wenigen Minuten traten seine Excellenz, Baron Stauffen, ein.

Baron Stauffen war ein treues Abbild des damaligen alten österreichischen hohen Adels, der eigentlich in der ganzen Schöpfung nichts anerkannte, als: sich selbst, den Kaiser, die alleinseligmachende Kirche und . . . . . im höchsten Falle noch . . . unseren Herrgott. Seinen Stammbaum zählte Stauffen bis zu 32 Ahnen hinab, stimmte auch mit allen diesen 32 Hochedlen in der Ueberzeugung überein,

---

*) Oulibicheff: „Mozarts Leben." I. Thl. S. 5.

daß der Adel der Zweck der Schöpfung sei, das Volk aber, mit allem übrigen Daseienden, nur als Mittel, jenen zu heben und ihm zu dienen betrachtet werden könne.

Dabei war Baron Stauffen ein vollkommener Hof=mann, und, als solcher, eine Erscheinung, an der — was Toilette, Etiquette und feinen Ton betraf — nichts auszu=setzen war. Nur schade, daß ihn die Natur schlecht bedacht und ein durchstürmtes Leben seinen hinfälligen Körper noch hinfälliger gemacht hatte.

Jetzt glich er — obgleich erst ein Vierziger — durch die Dürre seiner Gestalt, die gelbe und lederartige Haut seines Gesichtes und die hohlliegenden Augen, eher einer Mumie, als einem lebenden Menschen; zumal der trübe erloschene Blick, die vertrockneten bleichen Lippen und die vorn an der Stirn und zu beiden Seiten mit reichen Locken, hinten aber mit einem breiten Haarbeutel versehene Per=rücke, — benebst dem Ausdruck unbegränzten Stolzes — ihm ganz das Ansehen eines einbalsamirten und mumisir=ten Pharaonen gab. Ein breitschößiger Rock von weißem Sammet mit immensen Goldstickereien, kurze Hosen von gleicher Farbe und gleichem Stoff, eine weißseidene Weste, auf welche Flora den ganzen Reichthum ihres Füllhornes ausgegossen zu haben schien, weißseidene Strümpfe, Hals=krause, Chapeau und Manschetten von Alençonner Spitzen und Schuhe mit großen Diamantschnallen vollendeten seinen Anzug. Charakteristisch war dabei sein trippelnder Gang, während er fast unaufhörlich — den betreßten Hut unter dem Arme und einen venetianischen Zierdegen an der

Seite — das goldne Bisamfläschchen an die Nase führte,
auf daß dessen Inhalt den Geruch der plebeischen Welt
bei seinen hochadeligen Geruchsnerven übertäube.

Man kann sich denken, wie peinlich dem hohen Herrn
der Auftrag war, mit diesem bürgerlichen Musikantenvolke
zu verhandeln. Aber Majestät hatten befohlen und an
den Befehlen Maria Theresiens war kein Härchen
breit zu mäkeln. Schon einmal hatte der kaiserliche Zahlmeister in den sauren Apfel beißen müssen, diese „Musik-
macher" in eigener hoher Person in kaiserlicher Equipage
zu Hofe abzuholen, und jetzt war er gar verpflichtet aus-
zusteigen, sich in deren Wohnung zu begeben und mehreres
im Namen der Monarchin mit ihnen zu verhandeln.

Es galt daher, als der Wagen hielt, für den Herrn
Baron einen großartigen Entschluß, seinen sauren Gang
anzutreten, doch ward derselbe einigermaßen dadurch ver-
süßt, daß diese Menschen eine freundliche Aufnahme im
Hotel der Gräfin Sinzendorff gefunden hatten. So
war es doch der Nebenflügel eines gräflichen Hauses, an
dem der Wagen seiner Hochgeboren hielt und Baron
Stauffen war wenigstens nicht genöthigt in eine bürgerliche Spelunke zu treten.

„Odiense! Odiense!" — murmelte er jetzt, als er die
Treppe hinaufstieg. — „Wie kann Majestät einen alten
Edelmann von 32 Ahnen so herabwürdigen, zu diesem
Bürgervolke zu gehen. Aber ... aber ...! das ist wieder
eine von den unseligen Neuerungen und Verletzungen des
Hergebrachten, die seit dem Auftreten des Grafen Kaunitz

alles Alte über den Haufen zu werfen drohen, und die, zum
Verderben Oesterreichs, auch schon in dem Kopfe des Erz-
herzogs Joseph — des zukünftigen Kaisers — spuken.
Ich will nur sehen —" fuhr er dann, einen Augenblick im
Treppensteigen anhaltend, fort, indem sich ein tiefer Seufzer seiner Brust entwand — „ich will nur sehen, wohin
das noch führen soll. O! ich fürchte, ich fürchte!"...
Aber er unterbrach sich hier selbst, denn die zwei reich-
galonirten Hofdiener, die hinten auf der Equipage gestanden, kamen ihm jetzt ehrerbietig nach, indem jeder von ihnen
einen ziemlich großen in weißes Tuch eingeschlagenen Pack
trug, den sie soeben aus dem Wagen genommen.

An dem oberen Theile der Treppe empfing der Vice-
Capellmeister seinen hohen Besuch, dessen aristokratische
Hoheit und spanische Grandeza er und die Kinder schon von
der ersten Fahrt nach Hofe kannten. Wolfgangerl hatte
schon oft, zur Heiterkeit der Seinen, über ihn gewitzelt und
gespottet, heute aber mußte er, als Abgesandter der Majestät, mit möglichstem Ernst empfangen werden.

„Welche Gnade" — sagte daher Vater Mozart, sich
tief verbeugend, — „welche Gnade, daß sich der Herr
Baron selbst zu uns herauf bemühen."

„Baron?" — wiederholte der Angeredete, indem er
sein perrückenschweres Haupt vornehm und stolz im Nacken
wog — „Baron und Obrist-Zahlmeister ihrer kaiserlichen
Majestät, wenn's beliebt."

Vater Mozart lächelte — „Vergebung!" — sagte er
dann in ironischem Tone — „Herr Baron von Stauf-

fen, ich lege mich seiner Excellenz, dem Obrist=Zahlmeister ihrer kaiserlichen Majestät zu Füßen. Treten indessen Hochdieselben hier ein."

Der Baron that es, und — das goldene Bisamfläsch= chen an die Nase haltend — grüßte er Mutter und Kinder mit einer kaum merkbaren Kopfbewegung. Die beiden Diener aber stellten sich in ehrfurchtsvoller Haltung einige Schritte hinter ihm auf. Kaum vermochten bei diesem Bilde des lächerlichsten, dünkelhaftesten Stolzes und der vollendetsten Pedanterie Wolfgang und Nannerl das Lachen zu verbeißen. Aber ein Blick des Vaters verhalf ihnen zu dem nöthigen Ernste. „Was kann ein verstän= diger Mensch" — sagte er später zu seinen Kindern — „abgeschmacktem Stolze gegenüber, besseres thun, als mit= leidig lächeln. Kaiser Antonin ließ den Philosophen Appollonius zur Erziehung Marc Aurels von Athen nach Rom rufen; der stolze Philosoph kam, ließ seine An= kunft melden, und sagen: „daß es Pflicht des Schülers sei, zum Lehrer zu kommen." Der Kaiser lächelte über den Pedanten, sandte zwar Marc Aurel, ließ dem eingebilde= ten Philosophen aber doch zurücksagen: „Wenn er von Griechenland nach Rom gekommen sei, so hätte er wohl auch noch nach dem kaiserlichen Palaste kommen können."

— — Das war indessen immer noch ein Philosoph, der sich auf sein Wissen etwas einbildete; Baron Stauffen würde sich geschämt haben, etwas zu wissen. Denn „lernen" und „wissen" war — wenigstens seiner Ueber= zeugung nach — nur für die gemeinen Leute."

Diese Bemerkung machte — wie eben gesagt — Vater
Mozart indessen erst als der Baron schon weggegangen
war; jetzt gebot ihm die Klugheit, es nicht mit einem so
gewichtigen Hofbeamten zu verderben. War doch der
größte Theil der Umgebung der Kaiserin um kein Haar
besser, und machten es die kleinen Herren zu Salzburg
nicht oft noch schlimmer?

Der Vice-Capellmeister wappnete sich also im Stillen
mit Geduld, und der Arroganz des Höflings den würdigen
Ernst eines verdienstvollen Mannes entgegensetzend, frug
er — nachdem er dem Herrn Abgesandten einen Stuhl
angeboten, den dieser aber naserümpfend zurückgewiesen —
bescheiden, aber ohne sich wegzuwerfen, nach den Befehlen
Ihrer Majestät.

„Ist Er" — versetzte hierauf in gestrengem Tone und
mit von oben herabblinzelnden Augen der Baron — „ist
Er der hochfürstlich Salzburgische Vice-Capellmeister
Mozart?"

„Der bin ich!" — entgegnete der Angeredete — „und
glaube von Eurer Excellenz sammt meinen Kindern gekannt
zu sein, da ich erst vor wenigen Tagen die Ehre hatte, von
dem Herrn Obrist-Zahlmeister Ihrer Majestät zu Hofe
abgeholt worden zu sein.

„Ach ja, ja, ja!" — versetzte Baron Stauffen, indem
er that, als entsinne er sich jetzt dieser unbedeutenden
Sache — „Er hat ja die Ehre gehabt, Musik vor unserer
erhabenen Herrscherin machen zu dürfen."

„Gewiß" — rief hier der kleine Wolfgang vertretend,

denn er konnte sich nicht mehr halten — „ich sah ja, als
mich die gute Kaiserin in den Armen hielt, den Herrn Zahlmeister unter den alten Herren und Damen über die sie
so lachte, als ich sagte, sie verstünden nichts von Musik!"

Vater und Mutter erblaßten bei diesen Worten
des Knaben, der Baron aber biß sich auf die dürren
Lippen, roch dreimal an dem goldenen Bisambüchschen
und sagte:

„Musik? . . . ., wir treiben keine Allotria!"

„Gefällt aber beiden Majestäten recht gut!" — fuhr
der Knabe ganz unbefangen fort — „und der Herr Zahlmeister haben ja auch in die Hände geklatscht und „herrlich!" gerufen, als Nannerl spielte und die gute Frau
Kaiserin zuerst klatschte und „herrlich" rief."

„Allerdings!" — versetzte der Zahlmeister verlegen —
„wie es die Etiquette erfordert. Aber da versteht Er,
junger Mensch, nichts davon. Unser Auftrag geht indessen zuvörderst auch nur an Ihn, Herr Vice-Capellmeister."

„So sprechen, Ew. Excellenz" — fiel Vater Mozart
ein, und warf einen strengen, Schweigen gebietenden Blick,
auf den Sohn.

Der Baron griff hierauf in die Tasche seiner bis nahe
an die Knice reichenden Weste, holte eine Geldrolle hervor, legte sie auf den Tisch und sagte mit einem Tone
tiefer Verachtung:

„Hier die Bezahlung für die Musik. Sie ist wahrhaft
kaiserlich in diesen schlimmen Kriegszeiten, denn es sind
100 Ducaten."

„Die große Maria Theresia kann und wird nie anders als kaiserlich handeln!" — entgegnete der Vice-Capellmeister, — „das weiß bereits die ganze Welt. Haben Ew. Gnaden die Gewogenheit Ihrer Majestät unseren innigsten Dank für diesen freundlichen Beweis ihrer Theilnahme und Anerkennung auszusprechen."

Baron von Stauffen machte mit dem Kopfe eine bejahende Bewegung: „dann" — fuhr er fort — „haben Majestät befohlen, daß Er und die Kinder heute wieder erscheinen soll. Sechs Uhr ist Galatafel. Nun werden zwar, — wie es sich geziemt und wie es die Hofetiquette erfordert, — niemals Bürgerliche bei solchen Gelegenheiten unter den Zuschauern eingelassen; dennoch haben unser allergnädigster Kaiser in seiner Herzensgüte geruht, Ihm und den Kindern den Zutritt für heute zu gestatten, wozu seine Majestät diese Karten schickt. Nach der Tafel hat Er höchsten Befehles gewärtig zu sein. Wir sind beordert, Ihn und die Kinder abzuholen."

Vater Mozart blickte hier freudestrahlend Frau und Kinder an, die ebenfalls, trotz der brutalen Art des Ueberbringers, von so viel Güte des Herrscherpaares freudig überrascht waren. Er wollte daher neuerdings seinen Dank aussprechen, aber der gestrenge Herr Obrist-Zahlmeister winkten gebieterisch zu schweigen und setze sich zu weiterem Sprechen in Position. Was er nun zu sagen hatte, mußte ihm aber sehr schwer werden; denn nicht nur daß die gelbe Lederhaut seiner Stirne, wie Wolfgang der Nannerl in die Ohren raunte, wie ein altes mit tau-

7*

send Linien bedecktes Notenblatt aussah, er preßte auch die
schmalen Streifen seiner welken Lippen mit Gewalt auf=
einander, während die dürre mit weißen Handschuhen be=
deckte Hand das goldene Bisambüchschen gar nicht von der
Nase brachte.

Endlich schien der innere Kampf überwunden, und mit
einer raschen gebieterischen Bewegung die hinter ihm ste=
henden Diener herbei winkend sagte er:

„Zuletzt noch lassen Majestäten, der Kaiser und die
Kaiserin, den Kindern bescheiden: daß sie denselben als
Zeichen höchst ihrer besonderen Affection, ein Geschenk
übersenden, um an heutigem Galatage hofmäßig erscheinen
zu können."

„Majestät Franz I. haben den Buben gewürdigt, ein,
soeben für seine kaiserliche Hoheit den Erzherzog
Maximilian fertig gewordenes Kleid, zu schicken, und
Majestät Kaiserin, fügen ein solches für Seine Tochter von
ihrer kaiserlichen Hoheit der Erzherzogin Elisabetha
bei!" *)

Bei diesen Worten legten beide Diener, auf einen Wink
des Barons, ihre Päcke vor den Augen der erstaunten Fa=
milie auf den Tisch; dann flogen sie auf einen zweiten Wink
des Zahlmeisters, zur Thüre, dieselbe weit aufzureißen,
und ehe Vater Mozart und die Kinder nur im Stande
waren, ihren Dank auszusprechen, hatte der hochadelige

---

*) Geschichtlich. Nissen: S. 25. Oulibicheff: 1. Thl. S. 11.
Jahn: 1. Thl. S. 39.

Herr, mit einem Ausdruck unaussprechlicher Verachtung, das Zimmer verlassen. Noch auf der Treppe aber murmelte er von „Bürgerpack," „Musikantenvolk" und „Entwürdigung des hohen Adels durch ungeziemende Aufträge."

Die Familie Mozart aber hörte von allem dem nichts, sie war überglücklich und Mutter und Sohn und Tochter eilten, die fürstlichen Kleider zu entfalten.

Cavalier und Freier.

~~~~~~~

Die Anzüge waren in der That prächtig, und das Kleid von schwerem weiß-brochirtem Taffet, mit den reichen geschmackvollen Verzierungen und Garnirungen stand Nannerln allerliebst.

Vater und Mutter bewunderten sie noch, als die Thüre aufging und Herr Baron von Stauffen en miniature hereintrat. Alle brachen in ein lautes nicht endenwollendes Gelächter aus.

Wolfgangerl hatte nämlich in seiner Freude einen der Sinzendorff'schen Kammerdiener, der dem Knaben sehr zugethan war und oft mit ihm scherzte oder Ball spielte, herbeigerufen, damit er das kaiserliche Geschenk bewundere und ihm helfe, es anzulegen. Das war denn nun auch im Nebenzimmer geschehen und Wolfgang trat nun, alle Bewegungen des kaiserlichen Zahlmeisters auf das treuste und komischste copirend, in das Zimmer.

Man konnte aber auch wirklich nichts drolligeres sehen! Der sechsjährige ziemlich schmächtige Knabe stack in einem, ihm übrigens vollkommen passenden „Gala-Rock“ vom feinsten lillafarbenen Tuche nach neuestem französischem Schnitt. Das heißt: in einem Rock mit breiten, weit und steif nach hinten abstehenden Schößen und einer, bis auf die Kniee herabfallenden Weste von lillafarbigem Moir. Rock und Weste waren dabei mit doppelten breiten Goldborden reich besetzt, während die ebenfalls gallonirten Aufschläge der Aermel allein so groß waren, als Wolfgangs ganzer Kopf.

Die ziemlich dürren Beine umschlossen kurze, nur bis zu den Knieen reichende Hosen, die mit dem Rock von der gleichen Farbe und dem gleichen Stoffe waren, auf der Seite besetzt mit großen goldenen Knöpfen und gehalten von goldenen Knieschnallen über den weiß-seidenen Strümpfen. Auch die Spitzen-Manschetten und der Chapeau waren nicht vergessen, nebst Gala-Degen und Tressenhut; der Kammerdiener aber hatte das Haupt des kleinen Cavaliers kunstgerecht gepudert und die hübschen Haare in einem hoffähigen Beutel zusammengefaßt.

So trippelte und tänzelte nun der kleine sechsjährige Cavalier, den Kopf mit stolzer Miene weit nach hinten geneigt, mit vornehm zwickernden Augen, die rechte Hand in die Brust gesteckt, die Linke mit einem Riechfläschchen zur Nase führend durch das Zimmer, indem er — während die Anderen Thränen lachten — mit näselnder Stimme ausrief:

„Ist Er der hochfürstlich Salzburgische Vice=Capell=
meister Mozart?" — „Ach ja, ja, ja ja! Er hat ja die
Ehre gehabt, Musik vor unserer erhabenen Herrscherin
machen zu dürfen!" — und so ging es fort, und der kleine
Witzbold stellte die ganze Scene von vorhin trotz dem besten
Schauspieler noch einmal dar.

Es war eine köstliche, heitere Stunde, die man so ver=
brachte, bis auch die Uebrigen im Ernste an ihre Toilette
denken mußten, da der Wagen kurz vor sechs Uhr kommen
sollte.

Baron von Stauffen ließ denn auch in der That
nicht auf sich warten, und wenn er auch auf der ganzen
Fahrt mit dem „bürgerlichen Volke" kein Wort sprach, so
mischten sich in sein Benehmen jetzt doch einige „Egards,"
da die Kinder die Erzherzöglichen Anzüge trugen. Waren
diese Kleider doch für kaiserliche Hoheiten bestimmt
gewesen und forderten deshalb allein schon Devotion!

Aber welche Pracht entfaltete sich nun vor den Augen
der Staunenden!

Mitten in dem sogenannten großen goldenen Saale
stand die Kaiserliche Tafel, das heißt: es standen eigentlich
sieben Tafeln daselbst, drei zur Linken, drei zur Rechten
des Saales und die siebende — die eigentliche „Kron=
oder Kaiser=Tafel" — zu Häupten der übrigen, etwas
erhöht und von dem monströsen Baldachin überragt, den
im Innern das österreichische Wappen, oben die Kaiser=
krone schmückte.

Die sechs unteren Tafeln blitzten und spiegelten die

Strahlen zahlloser Wachskerzen in der Masse ihres schweren Silberzeuges zurück; während die „Kaiser=Tafel"
nur Goldgeschirre trug. Prachtvolle Aufsätze, aus den
ebengenannten edlen Metallen kunstvoll getrieben, — zum
Theil noch von Italiens größtem Meister, Benvenuto
Cellini — schmückten sämmtliche Tische, während ein
wundervoller, den kaiserlichen Treibhäusern entnommener,
Blumenflor die Pracht der Natur jener der Kunst zuge-
sellte.

Die Majestäten und der Hof befanden sich jetzt noch
in den Empfangssälen, wo eben große Cour stattfand; aber
hier, im Speisesaale wimmelte es schon von Menschen in
den prachtvollsten Costümen, blitzend in Orden und Schmuck,
funkelnd in Brillianten und Edelsteinen aller Art. War
doch Wiens ganzer Adel hier versammelt, der Ehre theil-
haftig zu werden, seine große Kaiserin und den Hof speisen
zu sehen. Aber so viele Menschen sich auch hier befanden,
hörte man doch kein lautes Wort. Alles flüsterte nur,
oder harrte stumm der Dinge, die da kommen sollten.

Einzig das Eintreten neuer Herrschaften reizte auf
Momente die Neugierde der Umstehenden, die dann ihre
Blicke nach den Thüren sandten, und durch staunende oder
spöttelnde, freundliche oder eiskalte Mienen ihre Kritik der
Toiletten, ihre Sympathien oder Antipathien, kund gaben.
Aber auch dies vermochte Niemanden länger als Minuten
zu fesseln, dann gewann immer die Spannung, mit
welcher man auf den Eingang in die kaiserlichen Gemächer
blickte, wieder das Uebergewicht. So kam es denn, daß

auch der Vice-Capellmeister mit den Kindern, von dem
Zahlmeister geführt, nur wenig beachtet wurde, obgleich
ihnen Baron Stauffen — auf ausdrücklichen Befehl der
Majestäten — einen Platz gerade gegenüber der „Kaiser-
Tafel" anweisen mußte. Nur auf einen Moment lief
ein Gemurmel durch die Menge, das theils den „Wunder-
kindern," theils der Auszeichnung galt, der sie — die
Bürgerlichen — hier gewürdigt wurden.

Endlich, endlich! . . . flog die große Flügelthüre auf,
— die Pauken wirbelten, die Trompeten schmetterten und
die Majestäten: Maria Theresia und Franz I., gefolgt von den kaiserlichen Kindern, dem großen Cortege
und dem ganzen Hofe, traten ein.

Die Kaiserin strahlte, umgeben von den Erzherzoginnen
in ihrer Schönheit und der Pracht ihrer Diamanten wie
eine Sonne, um die sich ein Kranz funkelnder Nebensonnen
gelagert hat.

Aber dies alles überstrahlte noch etwas Anderes, die
Liebenswürdigkeit der Fürstin, die sich — zum Entzücken der Anwesenden — jetzt bei dem großen Umgange
in Blicken und Worten geltend machte.

Die Masse der Zuschauenden war nämlich, dem alten
Gebrauche nach, rings um den Saal auf zehn Schritte
weit von der Tafel entfernt, und diese Entfernung hielten
kaiserliche Hatschiere, Hellebarden in den Händen, aufrecht.
Zwischen den Tafeln also und den Wachen zog sich jetzt,
im Glanze der Lichter und der eigenen funkelnden Pracht,
der, von den Majestäten geführte Zug langsam dahin.

Und ach! — wie sie lechzten, alle diese Hunderte, nach der
Auszeichnung eines Blickes, eines freundlichen Neigen
des Kopfes, oder gar eines Wortes von Seiten der Herrscherin! — — Wie sie aber auch bleich und starr in sich
zusammensanken, wenn diesen großen blauen Augen ein
ernster, vielleicht gar zorniger Blick entschoß! Und wehe
dem, den ein solcher getroffen; sowie derselbe bemerkt,
bildete sich eine Eisregion um den Armen, dem er gegolten.
Was um ihn stand, erkaltete und zog sich leise, wie von
einem Verpesteten zurück. Ist es doch in diesen Regionen
stets Grundsatz gewesen: eher einen an der Pest Gestorbenen
umarmen, als mit einem in Ungnade Gefallenen umgehen.

Fast eine halbe Stunde dauerte das Ceremoniel des
Umganges, der auch den Mozartischen zu guter Letzt
ein freundliches Kopfnicken eintrug, wobei ein schalkhaftes
Lächeln den schönen Mund Maria Theresiens umspielte,
— ein Lächeln, das wohl dem kleinen Cavaliere, — dem
hochadeligen Baron en miniature galt.

Jetzt endlich nahmen die Majestäten und kaiserlichen
Kinder unter dem Aufjauchzen neuer Fanfaren an der
„Kron-Tafel" Platz, worauf die Minister, Groß-Würden-
träger, Staats- und Hof-Chargen, nach der bis in das
Peinlichste gegliederten Rangordnung die Marschalltafeln
besetzten.

Wolfgang und Nannerl waren bis jetzt ganz Auge
gewesen, wie dies bei Kindern ihres Alters und Neulingen
bei solchen Festen ganz natürlich. Der Ausdruck gespann-
tester Neugierde stand in ihren Zügen. Jetzt aber ver-

klärten sich diese Züge plötzlich bei dem Knaben, die Augen
öffneten sich noch weiter und seine überaus fein und merk=
würdig ausgebildeten Ohren*) schienen mit Begierde die
Töne aufzulauschen, die nun von der kaiserlichen Hof=Capelle
herüberrauschten.   Von diesem Momente an war für
Wolfgang die äußere Welt nicht mehr, er hörte nur noch
und lebte nur noch im Reiche der Töne!

Wunderbar zog es ihn empor: Das Auge hatte für
ihn seine Kraft verloren, aber die Töne waren ihm Zeich=
nung und Farbe, Licht und Schatten, Worte und Ge=
danken.   Er sah ein schönes, stolzes und majestätisches
Frauenbild, mit einer blitzenden Krone auf dem Haupte,
von Wolken emporgetragen und von wunderbarem Licht=
glanz umflossen; — er sah Völkerschaften zu ihren Füßen
und hörte ihr Jauchzen, vernahm die Jubelhymnen mit
welchen sie die Hohe begrüßten, die frommen Gebete, die
sie für die geliebte Herrscherin zu Gott emporsandten.
Und immer lichter ward es um das erhabene Bild, und er
fühlte in seinem kleinen Herzen, daß dies tönende Licht die
Liebe sei! . . . . die Liebe, die da ausging von der Hohen
und ausging von den Völkern und sich sammelte in einem
Meere von Strahlen und Tönen.   Da plötzlich verschwamm
das prächtige Bild; aber an seiner Stelle zeigte sich ein
zartes, goldlockiges Engelsköpfchen, das ihn unendlich
freundlich anlächelte.   Und es erfaßte ihn ein süßes Weh;
— es war ihm, als hätte er viel verloren und als sollte

---

*) Nissen: S. 586.

er doch Alles gewinnen; — es zog ihn, wie mit tausend
Armen empor und hielt ihn doch wieder wie mit millionen
Polypen-Armen fest.

Wolfgang griff unwillkürlich nach der Stelle des
Herzens, denn es hatte hier ein schneidender Schmerz die
kleine Brust durchzogen. Aber auch dies war nur ein
Moment. Das Engelsköpfchen verschwand. Wieder
rauschte es wie Siegessymphonien auf, — mächtig und
immer mächtiger — jubelnd und immer jubelnder, bis das
Ganze verklang in prachtvoll stolzen Accorden!

Die kaiserliche Hof-Capelle schwieg, ... und Wolf=
gang erwachte wie aus einem Traume.

Er fühlte nach seiner Stirne, als wolle er sich selbst
finden; denn die Umgebung und seine eigene Kleidung ver=
wirrten ihn für den Augenblick noch mehr. Erst nach und
nach fand sich der Knabe zurecht und erinnerte sich, wo er
sei, und daß er eben eine so herrliche Musik ge=
hört, wie noch nie in seinem Leben!

Da vernahm er ganz nahe und von einer bekannten,
klangreichen Stimme seinen Namen. Erstaunt blickte er
empor: es war die Kaiserin, die ihn rief und herbeiwinkte.
Alles staunte; — Wolfgang aber, der sich jetzt ganz
wiedergefunden, machte nicht die geringsten Umstände. In
seiner Erzherzoglichen Kleidung wie ein kleiner Prinz aus=
sehend, stieg er, wie ein solcher, mit überraschendem Selbst=
gefühl die Stufen hinan, und blieb dann, sich vor der
Kaiserin und dem Kaiser verbeugend, einige Schritte von
beiden stehen.

Aber die Kaiserin rief lächelnd: — „Wie dem Schelm die Kleidung gut steht, und was er für cavaliermäßige Bücklinge macht!"

„Majestät!" — entgegnete Wolfgang unerschrocken und mit komischer Miene — „die habe ich dem Herrn Baron von Stauffen abgelernt."

Jetzt aber mußte Maria Theresia ihre Damast= Serviette vor den Mund halten, um nicht hofwidrig zu lachen; denn sie sah in der That, den Baron wie er leibte und lebte im Kleinen vor sich stehen.

„Gib acht! daß er das nicht hört!" — fuhr sie darauf, im Scherze drohend, fort — „er läßt Euch sonst einmal im Hofwagen umwerfen."

„Doch nicht, Majestät!" — meinte der Kleine.

„Und warum nicht?" — frug die Kaiserin.

„Weil ihm beim Sturze des Wagens sein Bisambüchs= chen zerdrückt werden könnte!" — sagte Wolfgang.

„Alle Wetter!" — rief hier die Kaiserin heiter — „der hat ein böses Maul!" — und ihn näher winkend, setzte sie hinzu: — „Wir müssen es ihm nur stopfen!"

Und indem sie dies sagte, zog sie Wolfgang dicht zu sich heran und gab ihm einige leckere Bissen von ihrem Teller.

Wolfgang ließ sie sich trefflich schmecken; seine Blicke aber suchten etwas, was sie nicht fanden: den bewußten kleinen Lockenkopf Maria Antoinettens. Da sie noch zu jung war, konnte sie an der Gala=Tafel noch keinen Theil nehmen. Als daher die Kaiserin ihm sagte, daß sie ihn nach der Tafel in ihren Zimmern zum Spiele erwarte, frug er ganz unbefangen: ob die kleine kaiserliche Hoheit mit dem blonden Locken-Köpfchen alsdann auch dabei sei?

Maria Theresia versprach es lächelnd und der kleine Cavalier begab sich auf seinen Platz zurück.

Kurz darauf erhoben sich die Majestäten unter dem Schmettern der Trompeten. Die Tafel war aufgehoben, noch einmal grüßte das Herrscherpaar, dann entfernte es sich, wie es gekommen, von der Familie und dem großen Cortege gefolgt. Vater Mozart und die Kinder aber, begaben sich in die Vorzimmer der Kaiserin.

Sie hatten indessen hier nicht lange zu warten. Maria Theresia, mit ihrer Toilette beschäftigt, ließ sie mit ihren eigenen Kindern, in die Toiletten-Zimmer kommen und während die Kammerfrauen sie aus- und ankleideten, spielten Wolfgang und Nannerl abwechselnd oder auch zusammen auf dem trefflichen Instrumente, das sich hier befand.

Aber wie spielte der kleine Mozart?! namentlich jetzt, da er das Clavier allein beherrschte. Sein ganzer musikalischer Traum von vorhin schwebte an seiner Seele vorüber und drückte sich in dem aus, was er gab. Ach! der holde Lockenkopf stand ja jetzt neben ihm, und zwar nicht als Phantasiegebilde, sondern als reizende Wahrheit. Was aber das Beste war, er verschwand auch nicht; — ja! — als die Kinder das Spiel geendet und die Kaiserin sich mit Nannerl und dem Vater unterhielt, führten die beiden Erzherzoginnen Elisabetha und Maria Antoinette

den kleinen Cavalier in den Sälen herum, ihm alle die
Herrlichkeiten, die hier angehäuft waren, zu zeigen.

Da war nun freilich viel zu sehen, und doch sah der
kleine Wolfgang fast nur Eines, ... sollen wir sagen
was? — Ach! er war nur zu aufmerksam darauf und dachte
nicht daran, woran doch Jeder denken soll, der sich am Hofe
bewegt . . . . . daß er sich auf einem höchst glatten und
schlüpferigen Boden befinde.

Er dachte, wie gesagt, nicht daran, und so kam es, daß
er plötzlich auf dem spiegelblanken Parquette ausglitt und
zu Boden fiel.

Die Situation war komisch, so daß Erzherzoginn Elisabetha hinter ihrem Batist-Taschentuche lachen mußte.
Das kleine Lockenköpfchen aber, Maria Antoinette, er-
schrak und half dem kleinen verunglückten Cavalier freundlich wieder auf.

Dafür sah sie aber auch Wolfgang aus seinen
großen, schönen Augen dankbar an und sagte:

„Sie sind brav, ich will Sie heirathen!"

Das schien indessen Maria Antoinette gar nicht
zu mißfallen.

„Warte!" — rief sie kindlich — „ich will Majestät
Mutter fragen!"

Und zu dieser hinhüpfend, theilte sie der Kaiserin die
Bewerbung ihres Cavalieres pflichtschuldigst mit.

Der Vice-Capellmeister glaubte in den Boden sinken
zu müssen und wollte die namenlose Kühnheit seines Soh-

nes entschuldigen; aber Maria Theresia wehrte lachend ab und befahl nur Wolfgang zu rufen.

„Laßt Uns ihn doch fragen" — sagte sie dabei mit ihrer vollen Herzensgüte — „was ihn zu diesem, für Unsere Tochter so schmeichelhaften Entschlusse bewogen hat?"

Wolfgang eilte sofort herzu und als die Kaiserin nun sagte:

„Du willst Maria Antoinette heirathen? Warum denn?" — entgegnete er mit einem Blick der kindlichsten Offenheit und Unbefangenheit:

„Aus Dankbarkeit! Sie war, als ich fiel, gut gegen mich und hob mich auf, während ihre Schwester sich nichts um mich bekümmerte."*)

„Das ist schön von Dir!" — versetzte die Kaiserin heiter — „dankbar soll der Mensch immer sein. Wir werden uns die Sache überlegen!"

O du glücklicher kleiner Mensch in dessen junges Leben die Poesie schon so helle Streiflichter wirft, — welch' eine Nacht folgte diesem Tage! — — Rosige unschuldsvolle Träume umgaukelten dich und zauberten dir ein Paradies vor die Seele, wie du es später im Leben oft im wachen Traume sahst; — wie du es schildertest mit jenen himmlischen Melodieen, die uns noch jetzt, wenn sie uns berühren, das Paradies erschließen.

*) Geschichtlich: Nissen 30—31. Oulibicheff I. Thl. 13. Jahn I. Thl. 39.

Heimkehr und Ueberraschung.

Die Familie Mozart war von ihrer Reise nach Wien zurückgekehrt. Frohe und schöne Erinnerungen knüpften sich an dieselbe und schon ging der Ruf der „Salzburger Wunderblume" — der Ruf des kleinen, jetzt in sein siebendes Jahr gehenden Wolfgang Amadeus Mozart durch Europa.

Die Reise hatte indessen auch mächtig auf den Knaben eingewirkt. Durch sie und namentlich durch jene musikalische Aufführung der kaiserlichen Hofcapelle bei Gelegenheit der Gala-Tafel, — jener Aufführung, unter des berühmten Hasse's Leitung, welche Wolfgang in eine so wunderbare musikalisch-poetische Exaltation versetzt, war in dem Kinde die überwältigende Macht der Musik, der tiefere Sinn, die hohe heilige Begeisterung für sie aufgegangen.

Von nun an zeigte es sich auch, daß das ganze innere
Sein, die eigentliche Individualität des Knaben, der Musik
hingegeben und nur durch sie vorhanden war; denn nur
Musik beschäftigte ihn von jetzt an, — nur Musik war das
Mittel, wodurch sich die Seele in dem Körper kund gab.

Auch ist es schon aus dieser Periode höchst bemerkens=
werth und gibt uns über den Charakter aller seiner Werke
einen so höchst befriedigenden Aufschluß, daß seinem Ge=
höre jeder Mißklang, ja sogar schon jeder rauhe, falsche,
durch Zusammenstimmung nicht gemilderten Ton ihn un=
willkürlich auf die Folter spannte. *)

Finden wir die Wirkung von diesem, nur für das
Schöne der Kunst empfänglichen Gemüthe nicht in allen
Werken des unsterblich gewordenen Meisters wieder?
Herrscht nicht, trotz der gewohnten Vollstimmigkeit, in jedem
Takte derselben eine Klarheit, eine Lieblichkeit, die, selbst
in ihren kühnsten Uebergängen und Fortschreitungen, auch

---

*) Bis in sein 10. Jahr hatte Mozart einen fast unüberwind=
lichen Widerwillen gegen die Trompete; schon der bloße Anblick dieses
Instrumentes war ihm ein Gräuel. Um diesen Widerwillen bei
seinem Kinde zu überwinden, ließ der Vater einmal einen Trompeter
kommen, der demselben in die Ohren blasen mußte. Aber schon beim
ersten Tone erblaßte der Kleine, fiel zur Erde nieder und wahrschein=
lich hätte der Versuch verderbliche Folgen gehabt, wenn man ihn
länger fortgesetzt hätte. Später gelang es Mozart diese Schwäche
zu bemeistern, die ihren Grund in seiner zarten Organisation hatte,
und Niemand verstand es besser, als er, die Trompeten im geeigneten
Augenblicke und mit mehr Erfolg im Orchester anzuwenden.
A. Schlachtner. — Oulibicheff: I. Thl. S. 15—16.

8*

dem ungebildetsten musikalischen Sinne zur Wollust
wird?

Bewirkt nicht eben diese klare Verständlichkeit der
Mozart'schen Werke, daß sie sämmtlich ohne Ausnahme
aufgeführt, gesungen und von Jedermann mit gleichem
Entzücken genossen werden? „Je älter unser Held wurde,
um so deutlicher, gebieterischer, ausschließlicher zeigte sich
seine einstige Bestimmung;" — sagt sein Biographe Oulibicheff von ihm, — „die Liebhabereien der Kindheit, so wie
andere weniger wichtige Neigungen verloren sich nach einander, oder gingen vielmehr in der einen Leidenschaft für
Musik unter, die jede andere verschlang." Denn zur
Leidenschaft war die Musik in der That jetzt für ihn
geworden. — —

Der Winter lag hart und streng über Salzburg, aber
in dem Innersten des „Wunderkindes" jener Stadt, da
regte und bewegte es sich, wie ein kommender, werdender
Frühling. Und als endlich draußen der Mai mit Lerchen-
lust und Nachtigallenklang, mit Blüthenduft und Blumen-
pracht die Erde überdeckte, und alle Keime emportrieb, und
alle Knospen schwellen und aufbrechen ließ, und millionen-
faches neues Leben hervorrief, da brach es auch jubelnd
und schmetternd und jauchzend aus der Brust des Knaben
hervor zu Licht und Leben in melodischer Fülle, und ein
gewaltiger Drang zu schaffen und zu wirken erwachte in
ihm und die ganze Welt deuchte ihm zu eng und zu klein.

Seine Welt aber war das Reich der Musik und das
mußte vor allen Dingen erweitert werden.

„Clavier genügt mir nicht mehr!" — sagte er daher einst zu sich, in seiner energischen Weise, — „ich muß jetzt auch die Geige lernen!"

Wenige Wochen später hatten sich die alten Freunde Schlachtner, Adlgasser und Lipp wieder einmal bei ihrem Vice-Capellmeister versammelt.

Es war ein wunderherrlicher Frühlingsnachmittag, der über der Erde lag. Der Himmel strahlte im reinsten Blau; die Blätter der Büsche und Bäume dagegen lachten den Menschen in jenem frischen und saftigen Hellgrün entgegen, das uns um so reizender dünkt, als es der jungfräuliche Morgengruß des Jahres ist und nur so kurz währt. Denn die steigende Sonne taucht Wald und Feld bald in tiefere Farben, wie das unschuldvolle Lächeln des Kindes mit den Stürmen des Lebens erstirbt und einem tiefen wehmüthigen Ernste weicht.

Aber heute war es nicht wie Wehmuth in der Natur, sondern wie Lust und Freude, Jugend und Lebensfülle, Vertrauen und Hoffnung!

Auch in dem kleinen Garten des Vice-Capellmeisters blühte und duftete es gar herrlich und köstlich. Tulpen prangten in ihren lebhaften Farben auf den Rabatten, Hyacinthen sandten ihre Wohlgerüche nach allen Seiten aus, während Tausende von Bienen den großen Apfelbaum mit seinen zahllosen röthlichen Blüthen umsummten und umschwirrten, unter welchem sich die kleine Gesellschaft niedergelassen.

Frau Mozart war, häuslicher Geschäfte halber, in

der Stadt geblieben; aber sie hatte den Männern, die musi-
ciren wollten, Wein und kalte Speisen hinausgesandt und
durch die Tochter in dem kleinen, nur aus einem Zimmer
bestehenden Sommerhäuschen, einen Tisch reinlich decken
und herrichten lassen. Jetzt war Nannerl, nachdem
sie die nöthigen Vorkehrungen getroffen und vom Vater
einen Kuß zur Belohnung erhalten hatte, wieder heimge-
gangen, und die Männer saßen noch im Gespräche bei einander, als Wolfgang mit einem weiteren Freunde des
Vaters eintrat.

Es war der Violinist Wenzel, der bei Vater Mozart
zu seiner höheren musikalischen Ausbildung schon seit län-
gerer Zeit Unterricht in der Composition nahm: ein kleines, nettes, fein gekleidetes Männchen mit ungemein
zierlichen Händen und Füßen und kleinen Augen, schwarz
wie Wachholderkörner, die mit fast beängstigender Un-
ruhe beständig hin und her rollten. Aber so klein und
unruhig sie auch waren, so blitzte doch Feuer und Geist
aus ihnen, wie auch die Züge des schmächtigen, unter der
Perrücke fast verschwindenden Gesichtes den Ausdruck
höherer Intelligenz trugen.

Vater Mozart liebte diesen, gegen ihn noch jungen
Mann sehr, da er mit ungemeiner Leichtigkeit auf die Lehren
des Contrapunktes einging und wirklich ein nicht unbedeutendes Talent zur Composition verrieth. Mit Freuden
streckte er daher dem Eintretenden die Hände entgegen und
hieß ihn willkommen; bemerkte aber nicht wie Wolfgang unterdessen — etwas mit beiden Händen auf

dem Rücken verbergend — in das Sommerhäuschen
schlich.

„Das ist schön, mein lieber, lieber Herr Wenzel" —
hatte eben der Capellmeister dem Herantretenden mit seiner
offenen deutschen Art entgegengerufen — „das ist sehr
schön, das Sie uns hier außen in Gottes freier Natur auf-
suchen. Sehen Sie nur, wie das Alles hier leuchtet und duftet
und glänzt — und die Luft — o! man möchte sie mit tiefen
Zügen trinken, während es da drinnen in der Stadt so
dumpf und dunkel und erstickend ist!"

„Ja, ja! Herr Vice-Capellmeister," — entgegnete
Wenzel, indem er den Anwesenden nach einander die
Hand reichte und schüttelte, und seine kleinen schwarzen
Augen über die ganze Gegend rollten, — „hier ist es aller-
dings schön; — hier müßte es sich trefflich dichten und
componiren lassen!"

„Ei was!" — rief Vater Mozart lachend — „hat der
Mensch schon wieder seine Hexameter und Pentameter, und
wie alle die Versfüße heißen, im Kopfe, und dazu Dia-
phonia, Symphonia, Polyphonia und Discantus, Guido
von Arezzo, Hucbald, Franco und Marchetto! cantus du-
rus und cantus mollis! und da draußen da lacht ihm doch
das schönste Gedicht und die herrlichste Harmonie entgegen! Seht nur, wie sich dort der Salzastrom, blinkend wie
flüssiges Silber, hinzieht, an der Kloster-Mühle vorüber,
über deren Räder er sich brausend wirft. Etwas weiter entfernt hinter den Wiesen und blühenden Bäumen die verschiedenen Lusthäuser und Landgüter, die sich bis an den

Fuß des Geisberges ziehen, den man hier in seiner nach
Oben ganz kahlen Majestät gar prächtig erblickt. Da drü=
ben das große Feyertag'sche Schloß mit seinen Thürmen
und Thürmchen, Teichen und Seen, und dem Parke, der
just in sein grünes Sommerröckchen schlüpfen will. Dann
wieder dort die herrlich angelegten Felder, die sich bis an
den Hof des Bräuers am Steine hinziehen. Und über
Allem der blaue, köstlich reine Himmel! — Sagt Herr! ist
das nicht ein Gedicht, wie kein Menschenkind es macht und
eine Symphonie, wie sie nur der Schöpfer componiren
kann?"

„Ja, ja, so ist es!" — entgegnete Wenzel — „und
Ihr werdet selbst zum Dichter daran!"

„Das ist aber auch nöthig, Herr!" — fuhr der Vice=
Capellmeister fort — „wenn man in der Welt und dem
alltäglichen Schlendrian nicht ganz und gar vertrocknen
soll, so muß man etwas haben, das einem zeitweise aus
dem Getriebe der gemeinen Praxis herausschnellt, und das
ist mir mein kleiner Garten mit seiner reizenden Aussicht."

„Ihr habt aber auch einen der schönsten Punkte er=
wählt!" — meinte Schlachtner.

„Hat mich auch Geld genug gekostet!" — seufzte Va=
ter Mozart, indem er sich hinter den Ohren kraute.

„Nun, alter Geizhals!" — rief Lipp lachend darein —
„wird nicht so viel sein!"

„Immer mehr!" — versetzte der Vice=Capellmeister —
„als ich eigentlich als guter Hausvater verantworten kann.
Indeß eine Erheiterung und Erhebung muß der Mensch

doch haben. Aber da vergesse ich über das Plaudern ganz darnach zu fragen: was denn eigentlich Herrn Wenzel zu uns geführt hat; denn, der Aussicht und des Besuches wegen, hat er doch nicht den weiten Weg gemacht; da kenne ich ihn zu gut dafür. Auch seh' ich einen tüchtigen Pack Noten unter dem Arme meines fleißigen Schülers. Was gilt die Wette, Freund Wenzel überrascht uns mit einer neuen Composition."

„Herr Vice=Capellmeister, Ihr könnt bei Gott hochfürstlich Salzburgischer Geheimer Rath werden!" — rief hier leicht erröthend und mit den schwarzen Aeuglein vergnügt blitzend, der kleine zierliche Violinist, — „denn Ihr habt es getroffen. — Ich bringe Euch allerdings einen neuen schwachen Versuch meines unbedeutenden Talentes. Aber es ist wenigstens eine Arbeit, die mir Freude gemacht hat, und die ich zum größten Theile während Ihrer Anwesenheit zu Wien entwarf."

„Und was ist es?" — frugen Vater Mozart und Adlgasser zugleich.

„Es sind sechs Trio!" — entgegnete Wenzel — „über die ich meines lieben Maestros Urtheil hören möchte, und wenn die Herren ihre Instrumente mit hier haußen haben, woran ich nicht zweifle, und es ihnen recht ist, könnten wir sie vielleicht gleich einmal probiren."

„Charmant!" — „Vortrefflich!" — riefen Alle, indem sie aufsprangen.

„Ja! ja!" — setzte Vater Mozart freudig hinzu, — „das wollen wir thun. Und ist das geschehen, und hat uns des Freundes Schöpfung die Seele erfreut, dann sollen uns die Speisen und der Wein, die mein gutes Weib herausgesandt, um so besser munden! Wenzel spielt die erste Schlachtner, die zweite Violine und ich übernehme mit der Viola den Baß!"

Aber in derselben Minute fühlte sich der Vice-Capellmeister leise an den Schößen seines Rockes gezupft. Es war Wolfgangerl, eine kleine Violine in der Hand, die er in Wien als Geschenk erhalten hatte.

„Väterchen!" — sagte der Knabe jetzt mit bittender Stimme — „laß mich die zweite Violine spielen!"

„Ja wohl!" — versetzte der Alte lachend — „in Gedanken darfst du das schon thun; vielleicht kommt auch einmal die Zeit, wo du es in Wirklichkeit kannst!"

„Ich kann es in Wirklichkeit!" — rief Wolfgang und seine Augen strahlten in jenem freudigen Glanze stolzen Bewußtseins, das uns die Gewißheit giebt, durch eigene Kraftanstrengung Tüchtiges erreicht zu haben.

„Hast's wohl im Schlaf gelernt?" — spöttelte Vater Mozart.

„Nein, Väterchen, versucht's nur einmal, dann sage ich Dir das Uebrige."

„Zu Hause, Wolfgangerl" — vertröstete der Vater — „zu Hause sollst du mir deinen ersten Menuett geigen."

„O Menuett!" — rief der Knabe stolz lachend — „was Menuett! Laß mich Herrn Wenzels Trio mitgeigen, das ist doch auch etwas!"

Jetzt aber wurde der Vater über die vermeinte Zu-

dringlichkeit des Kindes böse; seine Stirne legte sich in dü=
stere Falten und mit dem Ausdruck der Ungeduld Wolf=
gang von sich hinwegschiebend, sagte er:

„Kind, mache dich nicht lächerlich! Du bist, wie alle
Welt weiß, recht tüchtig auf dem Claviere; von der Vio=
line aber verstehst Du noch nichts. Und wenn Du viel=
leicht auch schon einige „Kratzerl" darauf gemacht hast, so
heißt das noch nicht spielen."

„Nun —" versetzte Amadeus fast verschüchtert —
„um die zweite Violine zu spielen, muß man doch gerade
die Geige nicht gelernt haben."

Jetzt aber brach beinahe ein Gewitter von väterlicher
Seite los; denn wenn auch der Kleine weit davon entfernt
gewesen war, hier etwas Beleidigendes sagen zu wollen, so
glaubte der Vater dies doch — namentlich in Betreff
Schlachtners und Wenzels — darin zu finden.

„Einfältiger Junge" — rief er daher mit einer Strenge,
die man sonst gar nicht an ihm gewohnt war — „störe uns
nicht weiter und halte uns nicht auf. Dein Verlangen ist
eben so kindisch, als Ueberhebung darin liegt. Man muß,
auch wenn man von dem lieben Gott mit Talenten begabt
ist, nie unbescheiden sein!"

Aber dies war zu viel! Die harten Worte des sonst
immer so gütigen Vaters, das Mißtrauen, das man in
seine Fähigkeit setzte, die Vereitlung einer so schön gedach=
ten Ueberraschung .... alles dies drückte einen so scharfen
Stachel in die Brust des Kindes, daß es jetzt bitter zu wei=

nen anfing, und — seine kleine Geige traurig unter den
Arm nehmend — schluchzend von dannen schleichen wollte.

Aber schon hatte auch Vater Mozart das harte Wort
bereut, das ihm — um der Freunde Willen — entfallen.
Als daher Schlachtner den Alten jetzt bat: den Knaben
doch wenigstens mit ihm spielen zu lassen, sagte der Vice=
Capellmeister begütigend:

„Heule nur nicht gleich, und sei nicht immer so weich
wie Butter! Meinetwegen geige mit Herrn Schlachtner,
aber so leise, daß man dich nicht hört; sonst mußt du
gleich fort!"

Da glänzte es in des Kindes Augen durch die dicken
Thränen, wie der Strahl der Morgensonne durch den Thau
der Blumen. Wie der Blitz fuhr der Aermel über die nas=
sen Wangen und mit Entzücken sprang Wolfgang den
Andern voraus in das Gartenhäuschen.

Man legte jetzt die Noten auf, stimmte und begann.

Die Composition war eine sehr gelungene aber durch=
aus nicht leicht. Schlachtner spielte im Anfang mit
seiner ganzen Hingebung und wie gewöhnlich, da er als
Musiker über die Sache selbst schon wieder ganz vergessen
hatte, daß der kleine Mozart mit ihm geige. Da plötzlich
stutzte er. Was waren das für schöne, reine Töne? — wie
präcis und nett der kleine Geiger spielte, — wie die Züge
des Knaben die innere Hingabe verriethen! Und immer
leiser und leiser ward Schlachtners Spiel — bis er mit
einem Male ganz verstummte — und der Staunende die

Hände, die Instrument und Bogen hielten, leise herabglei-
ten ließ.

Und der Vater? — Als Schlachtner sprachlos vor
Staunen nach diesem hinüberschaute, da hatte sich die
Scene geändert; denn jetzt rollten dicke, dicke Thränen bewun-
dernder Zärtlichkeit dem gerührten Vater über die Wangen.

Wolfgang aber sah und hörte nicht, was um ihn her
vorging. Er war Musik.... ganz Musik! Augen und
Stirne leuchteten vor Entzücken und Lust, und so spielte er
sämmtliche sechs Trio mit einer Präcision und Nettigkeit
durch, die Alle hinriß.

Und welch' ein Jubel, als er nun geendet. Welche
Freude des Vaters, wie innig die Umarmung, wie heiß die
Küsse auf Mund und Wangen des geliebten Kindes.

„Und wann? wann? Blitzjunge! hast du denn das
gelernt?" — rief jetzt der Vater ganz selig.

„Wenn der Herr Vater Dienst hatte, oder Unterricht
gab!" — entgegnete triumphirend der Kleine. — „Aber
ich will nun auch die erste Violine einmal versuchen!"

Man jauchzte über die Kühnheit des siebenjährigen
Maestro, und da die Gesellschaft durch das eben Erlebte in
die heiterste Laune versetzt war, so machte man zum Scherze
einen Versuch und alle Anwesenden mußten recht herzlich
lachen, als Wolfgang auch die erste Violine, wiewohl
mit vielen unrichtigen und unregelmäßigen Applicaturen
spielte; doch aber so, daß er nie stecken blieb.*)

---

*) Der ganze hier erzählte Vorfall ist historisch. (Die oft ange-
deuteten Quellen.) Jahn I. Thl. 33.

Und welch' ein Abend der ungetrübtesten Heiterkeit folgte nun!

Die untergehende Sonne sandte ihre erwärmenden Strahlen wie Grüße des Himmels; die allmählich in leisem Rothe erschimmernden Berge schienen vor Freude und Entzücken zu glühen; die ganze, weit aufgedeckte Natur lag wie ein Paradies vor den Augen der Glücklichen.

Und die Gläser klangen und der perlende Wein erfreute die Herzen. Auch Wolfgang durfte heute mittrinken und Schlachtner brachte dem kleinen Virtuosen ein freudiges Hoch! in das Alle jubelnd einstimmten.

Der Vater aber sagte:

„Wolfgangerl, bitte dir etwas aus; — wenn ich es dir gewähren kann, so soll es geschehen!"

„O!" — rief der Knabe entzückt — „das will ich gleich, und Du kannst es auch erfüllen!"

„Nun?" — frug der Alte.

Aber Wolfgang umschlang den Hals des Vaters, neigte sich zu dessen Ohr und lispelte:

„Laß uns wieder reisen, Papa, es treibt mich hinaus, ich kann Dir nicht sagen wie!"

Da lächelte der Alte schlau, zog das Kind an sich, nahm ebenfalls dessen Ohr und sagte heimlich:

„Ist schon beschlossen!"

„Heisah! —" jubelte Amadeus — „und wohin!"

Aber der Vater raunte ihm noch leiser in das Ohr:

„Nach Paris!"

Die Encyklopädisten.

Es war ein schöner heißer Sommernachmittag, als über die Boulevards zu Paris durch das Gedränge von Spaziergängern, Reitern und Wagen eine elegante, von vier prächtigen Pferden gezogene Equipage fuhr. Dicke Staubwolken umwirbelten sie; aber wenn ein Luftzug diese theilte oder zur Seite trieb, erkannte man sofort, daß der Wagen einem der vornehmen französischen Geschlechter angehören müsse.

Mehrere Diener in reichen Livreen saßen — wie es die Sitte jener Zeit erforderte — auf dem Bock, während zu beiden Seiten des Wagens Stallmeister ritten, und neben einem derselben der Haushofmeister in einem von dunkelblauem mit Gold besetzten Sammt-Kleide, den kleinen Tressenhut auf dem gepuderten Toupé und ein kurzes spanisches Rohr mit großem goldnem Knopfe in der Hand.

Der Wagen war eine gute Strecke weit im schnellsten Laufe dahergeflogen; jetzt aber mußten die Pferde langsamer gehen, da eine Abtheilung königlicher Garden vorüberzog und dadurch ein so gewaltiges Gedränge entstand, daß Niemand vor noch rückwärts konnte.

In diesem Augenblicke neigte sich ein wunderschönes Märchenantlitz aus dem Schlage und eine klangvolle Stimme rief:

„Ah, sieh da, mon cher ami!"

Bei diesen Worten erhoben sich viele Augen, aber nur die eines hübschen, sehr fein gekleideten, wenn auch nicht mehr jungen Mannes, flammten in angenehmer Ueberraschung auf.

„Gnädigste Gräfin!" — entgegnete er, indem er näher trat und sich leicht und anmuthig verbeugte, — „welch' angenehme Ueberraschung. Ich bin gerade im Begriff zu Ihnen zu gehen, und nun treffe ich Sie auf halbem Wege!"

„Und welch' besonderem Glücksfall sollte ich Ihren so seltenen Besuch verdanken?" — frug die Dame, nicht ohne einen Anflug von Bitterkeit.

„Einem „Fall" allerdings" — entgegnete der Angeredete fein lächelnd und mit einer Betonung in der etwas Geheimnißvolles lag, — „der aber nur dadurch zum Glücksfall wird, daß er mir die Gelegenheit verschafft, in die schönsten Augen zu schauen, die Paris kennt!"

„Und das sagt Grimm?" — frug die Inhaberin des Wagens, während die Schmeichelei des hübschen Welt-

mannes die leichten Wölkchen verscheuchte, die ihre Stirne
getrübt. — „Das sagt Grimm, der behauptet, nie der
Vater einer Schmeichelei gewesen zu sein? der Freund
Rousseau's, der Philosophe?"

„Ja!" — versetzte Grimm, — „das sagt der Secretair des Herzogs von Orleans, der die ganze Blüthe Versailles und der Hauptstadt kennt und dessen offene Augen
ihm beweisen, daß Fräulein von Espinasse die reizendste
Erscheinung der Welt ist!"

„St!" — rief lachend die Schöne, — „wenn das Je-
mand Gewisses erführe; wir sind auf offener Straße.
Sagen Sie mir lieber," — setzte sie dann leiser hinzu, —
wann und wo ich das Nähere über den so geheimnißvoll
angedeuteten „Fall" erfahre."

„Sie dürfen nur bestimmen, Gnädigste!" — versetzte
Grimm ebenso leise. — „Ich bin, wo und wann ich Sie
treffe, zum Fall bereit!"

„Abscheulicher!" — entgegnete anscheinend schmollend
Fräulein von Espinasse, indem sie mit ihrem Fächer leicht
auf die Hand des Freundes schlug, die dieser auf den
Schlag des Wagens gelegt; aber ihr Blick strafte den
schönen Mund Lügen. Es lag etwas aufleuchtendes, unendlich zauberhaftes in ihm.

„Heute Abend ist Circle bei Holbach. Kommen Sie
hin?"

„Versteht sich!" — rief Grimm. Bureau d'esprit,
wer könnte da fehlen."

„Gut!" — versetzte jene. — „So sehen wir uns dort!"

Sie nickte freundlich, und da das Gedränge sich gelichtet, zogen, auf ihren Wink, die Pferde an und der
Wagen flog davon.

Der Secretair des Herzogs von Orleans, der Freund
Rousseau's und Diderot's, der bekannte geistreiche
Verfasser der literarischen Bülletins für mehrere deutsche
Fürsten und des petit prophète de Boehmesbrod —
Grimm, sah ihm lange nach. Dann lächelte er wohlge-
fällig vor sich hin und sagte, indem er weiterging.

„Ein fameuses Wesen, diese kleine Espinasse: schön wie
ein Engel, geistreich wie die Tencin, verführerisch genug,
um einen Rousseau zu bezaubern, und ein Haus machend,
das man mit vollem Rechte „einen Tempel der Grazien
und der Musen" nennt. Wer könnte ihr widerstehen?
Grimm, Grimm, dieses einzige Zusammentreffen hat
wieder einmal deine ganze Philosophie über den Haufen
geworfen." — Er schwieg; aber nach einigen Schritten
fuhr er fort: „Ich wollte ein Anderer wäre mit meinem
Auftrage betraut worden; denn es gibt nichts Gefähr-
licheres als ein wichtiges Geheimniß mit einer schönen Frau
zu theilen."

Grimm blieb hier nachdenkend stehen. Dann sich
umsehend, ob Niemand sein seltsames Wesen bemerkt, und
einen schnelleren Schritt annehmend murmelte er:

„Ich glaube gar, ich fürchte mich vor diesem Abend, so
sehr es mich zugleich hinzieht. Ich sehe Rosengewinde
.... aber .... wenn sie zusammenschlagen ... klingen
sie fast wie Eisenketten! Zum Teufel indessen mit

dieser süßen Furcht! Grimm, bist du ein Mann der Zeit? Bei Gott ich muß die Bureaux d'esprit wieder mehr besuchen oder ich werde vor der Zeit alt!"

Und dies sagend, schlug er den Weg nach seiner Wohnung ein, um für den Abend Toilette zu machen.

Es ist hier nöthig, einen Blick auf diese sogenannten: Bureaux d'esprit (geistreichen Kreise) in Paris zu werfen, die in der That zum Charakter des damaligen Jahrhunderts gehören.

Bekanntlich war es Voltaire — dieser leuchtende Stern am Himmel Frankreichs — der den Ton und die Bildung der hochgepriesenen geistreichen Gesellschaften der letzten Zeiten Ludwigs XIV. in die Literatur brachte, und Condorcet erzählt uns, welcher Ton und welcher Witz den wenig Auserlesenen eigen war, während die Menge in Bigotterie und Aberglauben versunken, in grober Unwissenheit, in Armuth, Schmutz und Jammer seufzte.

In jenen höheren und höchsten Kreisen Frankreichs und seines Hofes, wurde nämlich damals Spott und Hohn über alles Höhere und Heilige in reicher Fülle ausgeschüttet; — hier galt jede Tugend als eine kindische Schwäche oder eine kluge Maske; — hier waren Witz, Brilliren des Geistes, Frivolität, Leichtsinn und Lebensgenuß die einzigen Götter, welchen man huldigte; — hier gab es nichts Lächerlicheres als Schaam, Zucht, Ehre und Einfalt, wobei jedoch jedes Mitglied dieser hohen und sogenannten feinen Gesellschaft zwei Rollen spielte: die eine für sich und im

Kreise der Ebenbürtigen, die andere äußerlich und dem Volke gegenüber.

Keinem von all' diesen übermüthigen Müßiggängern fiel es dabei jemals ein, daß die Leichtfertigkeit und der Spott mit dem sie sich bis zum Frevel schmückten, je zu dem gedrückten, arbeitenden, von den Priestern, den Beamten und dem Adel in geistige und weltliche Fesseln geschmiedeten Volke übergehen werde.

Man huldigte daher gern im Stillen dem, was man öffentlich grausam verfolgte; aber man verdarb sich damit auch das eigene Spiel und legte selbst mit namenlos unvorsichtiger Hand die Miene, die später so furchtbar aufflammen und das ganze Gebäude der alten Gesellschaft in die Luft sprengen sollte.

Schon unter Ludwig XIV. fing nämlich der wachsende Uebermuth der Höflinge an, dahin zu wirken, daß sich der Hof nach und nach von den Gelehrten trennte, und so kann man schon am Ende des siebenzehnten Jahrhunderts die Pariser Häuser historisch angeben, in welchen sich

was sich nicht auf religiöse Ceremonien, Jagd oder schöne
Frauen bezog. Fleury redete und schrieb in der geist=
lichen Phraseologie, die man in der Welt verlachte, er be=
günstigte Geistliche, Schulgelehrsamkeit, den Ton der
Zeiten Ludwig XIV., ... der Zeitgeist aber for=
derte etwas ganz anderes!

Was Fleury und der Hof nicht wollten, sammelte sich
daher um Diejenigen, die die berühmtesten Männer ihrer
Zeit an sich zogen. Somit aber bildete sich nun eine ge=
wisse Geistes= und Gelehrten=Aristokratie, — so
zu sagen ein Cour spirituel. Dieser Hof ward aber bald
den Eiteln wichtiger, als der königliche, und es war durch
Erfahrung bewiesen, daß man auch ohne den Hof zu Ver=
sailles Ruhm und Ansehen erwerben könne: eine Thatsache
die vorher Niemand hatte glauben wollen. Das Publi=
kum huldigte indessen nur den tonangebenden Gelehrten;
dies aber gab wieder den Damen, welche die berühmten
Männer an sich zogen, sie beschützten und geistig glänzende
Kreise um sich bildeten, eine Bedeutung in der politischen
und literarischen Welt, die sie für das achtzehnte Jahr=
hundert so wichtig macht, als Richelieu und Colbert
für das siebenzehnte gewesen waren.

Man muß übrigens nicht denken, daß diese Pariser
geistreichen Gesellschaften, — diese Bureaux d'esprit,
wie man sie nannte, — sittlicher und weniger frivol ge=
wesen seien, als die zu Versailles. Im Gegentheil, sie
gaben in dieser Beziehung jenen des Hofes gar nichts nach;
aber sie führten doch wenigstens offenen Krieg

mit der Heuchelei, sie meinten es zum Theil ernst
mit der Wissenschaft, sie waren die Stimme ihrer
Zeit, sie bildeten Opposition gegen die Willkühr=
herrschaft des französischen Königthums, sie be=
reiteten eine freiere und edlere Umgestaltung der
ganzen menschlichen Gesellschaft vor!

Unter den Pariser Häusern, welche auf solche Weise zu
einer historischen Bedeutung gelangten, nennen wir nur
das der Frau von Tencin, der Mutter des berühmten
d'Allembert, mit der im Briefwechsel zu stehen selbst
Papst Benedict XIV. stolz war; — ferner jenes der
Madame Geoffrin, in dem aufgenommen zu werden
Minister und Fürsten sich auf das eifrigste bemühten, und
die Stanislaus Poniatowsky, noch als König von
Polen, mit zärtlicher Dankbarkeit seine liebe „Mutter"
nannte. Andere Häuser, die ebenfalls als Schule des
guten Tones galten, und deren Gesellschaften zu den Bu=
reaux d'esprit gehörten, waren jene der Madame Du=
Deffant, der Gräfin Tessé, der schönen und reizen=
den de l'Espinasse. Endlich glänzte in dieser Bezie=
hung der in Paris lebende pfälzische Baron von Hol=
bach, um den sich namentlich die Männer des Geistes und
des Lebensgenusses versammelten. Er war ein liebens=
würdiger Weltmann, dessen Haus bald der geistige Mittel=
punkt aller seinen Gesellschaften ward, und dessen vortreff=
licher Koch als der Abgott aller Pariser Epikuräer galt.

Die Gesellschaft aber, die sich hier traf, bildete ein
förmliches Complott gegen die überlieferte Lehre und das

bestehende System, und die Mitglieder derselben waren zumeist ebenso fanatisch in ihrem Unglauben, als Mönche und Priester, Jesuiten und Pietisten es für mechanischen Gottesdienst und Wortglauben zu sein pflegen.

Hier sahen sich vor allen Dingen Diderot, Düclos, Helvetius, Marmontel, Grimm, Laharpe, Con-dorcet, Raynal und Morellet — lauter bekannte Namen; — dann die Damen Tessé und de l'Espinasse und eine Masse anderer Schönheiten und Schöngeister, Literaten, Künstler und vornehmer Lebemänner. Wie auf einem Congreß debattirte man dabei förmlich die Lehren, die man bekannt machen, die Bücher, die man herausgeben wollte; Baron Holbach aber half bei der Verfertigung der Schriften und gab das Geld zu ihrem Druck.

Hier entstand denn auch das berühmte französische Realwörterbuch aller Wissenschaften, Künste, Gewerke und Handwerke (Dictionaire universel et raisonne des connaissances humaines) — jene be-kannte große „Encyklopädie," von welcher man die ganze Gesellschaft, die Mitarbeiter des Werkes so wie ihre Anhänger und Verehrer „die Encyklopädisten" nannte.*)

Auch heute erwartete Baron von Holbach seine Freunde und Freundinnen. Einer besonderen Vorkehrung dazu bedurfte es nicht. Der große, mit außerordentlich

---

*) Ueber diesen Gegenstand und das Vorhergesagte: „Geschichte des achtzehnten Jahrhunderts und des neunzehnten." Von Geheime-rath Professor Schlosser. Band I., II. und III.

seinem Geschmack hergerichtete Gartensalen war ja täglich
geöffnet. Jetzt zumal, als an einem Clubtage, standen
die Flügelthüren, die auf einen herrlichen Garten gingen,
aus dem der Abendwind süßberauschende Düfte auf seinen
leichten Schwingen hereintrug, weit offen, während die
plätschernden Fontainen eine angenehme Kühlung verbrei-
teten. Kostbare Marmorvasen von ungeheurer Größe
und bedeutendem Kunstwerthe schmückten dabei die Nischen
des im reinsten Renaissancestyle gehaltenen Salons, während sich an den Wänden, zwischen den Vasen, die von
Künstlerhand gearbeiteten Statuen der Venus und des
Mars, der Diana und des Apollo auf entsprechenden Pie-
testalen erhoben. Das Ganze hatte fast das Ansehen
eines griechischen Tempels, zumal wenn man die verschiedenen Marmortischchen mit ihren schön geschnitzten und
reich vergoldeten Füßen für Altäre nahm, was um so eher
geschehen konnte, als sie alle mit den herrlichsten Früchten
des Südens besetzt waren. Statt der Priester freilich,
bewegten sich jetzt nur Lakeien in prächtigen Livreen in
diesen Räumen, da diejenigen Gäste, die bis zur Stunde
eingetroffen, es vorgezogen hatten, ein kühles Plätzchen in
dem Garten aufzusuchen. Es war ein Rondel in dem
nahen Bosquet. Auch hier gewährte ein kleiner See er-
frischende Kühle, — ein See en miniature, umschlossen
von einem, aus zahllosen Seemuscheln gebildeten Rande
und bevölkert mit steinernen Tritonen, die aus großen
Muscheln dicke Wasserstrahlen bließen.

Hier saßen denn auch bereits schon drei Männer jenes

so berühmt gewordenen Circles. Es waren: der bereits
achtundfünfzigjährige Düclos, Secretair der französischen
Akademie, bekannt durch seine Romane und Memoiren und
ausgezeichnet als Grammatiker; Helvetius, der Haushofmeister der Königin, der Verfasser des berühmten, von
den Jesuiten so arg verfolgten Werkes de l'esprit und
Diderot, das Haupt der Encyklopädisten. Alle drei gehörten zu der Holbach'schen Gesellschaft; dennoch zeigte
sich im Aeußeren ein merkwürdiger Unterschied unter ihnen.
Düclos und Helvetius waren fein und reich, ja mit
peinlicher Sorgfalt gekleidet; — Diderots Anzug dagegen
zeugte von einer genialen Unbesorgtheit, die fast bis zum
Cinismus ging. Sein Haar war ungepudert und wohl
seit mehreren Tagen nicht frisirt, seine abgetragenen Kleider hingen schlotternd um den mageren Körper, Chapeau
und Manschetten waren zerdrückt und unrein.

Düclos und Helvetius trugen eine gewisse Würde
zur Schau. Man sah, daß sie sich selbst als Groß-
würdenträger der Gelehrtenrepublik erkannten; — Diderot dagegen — den Ausdruck der Genialität in den
verwitterten Zügen — erinnerte in seiner Erscheinung etwas
an den „verlorenen Sohn," und „Rameau's Neffe," und
streckte sich so nachlässig auf seinem Sitze aus, als ob er sich
in einer Kneipe befinde. Dennoch waren diese Männer
in ihren geistigen Strebungen einig, ja sie gingen sogar
Hand in Hand dem großen Ziele entgegen, die „alte Gesellschaft" förmlich zu stürzen und die Welt einer socialen
Neugestaltung entgegenzuführen.

Ihre Unterhaltung drehte sich denn auch jetzt um diesen
Gegenstand:

„Wißt ihr was," — sagte eben Diderot zu den
Freunden, indem er sich, eine Blume zerrupfend, auf dem
Stuhle weit zurücklehnte und seine beiden Beine auf den
vor ihm stehenden steinernen Tisch legte — „ich hätte
große Lust einmal an den König selbst zu schreiben, und
ihm unumwunden die Wahrheit zu sagen."

„Ich glaube," — entgegnete Helvetius lächelnd,— „es
gelüstet Freund Diderot nach einem Lettre de cachet.*)
Er will den Märtyrer der Freiheit spielen."

„Und was würdet Ihr denn der Majestät schreiben,
Diderot?" — frug in ironischem Tone Düclos.

„Nun," — versetzte dieser, — „ich würde mich ungefähr folgendermaßen ausdrücken:

Sire, ein eifriger Diener schreibt an Eure Majestät"...

Helvetius und Düclos lachten laut auf und letzterer rief:

„Göttlich! ein „eifriger Diener!"

„Bei diesen Worten würde freilich selbst der Herr Polizeilieutenant nicht an Diderot denken!"

Aber Diderot ließ sich nicht irre machen. Behaglich
auf seinem Stuhle schaukelnd, fuhr er ruhig fort:

„Wahrheit ist immer bitter, hauptsächlich den Königen.
Von Schmeichlern umgeben, sehen sie alle Gegenstände
nur in den Farben, die ihnen gefallen. Viel habe ich

*) Verhaftungsbefehl.

über diesen Gegenstand gedacht und gelesen, und nun hört das Resultat meiner Erfahrungen!"

„Ich bin gespannt!" — rief Helvetius.

„Man hat Sie gewöhnt Sire, — würde ich also dem Könige schreiben — unsichtbar zu sein" — sagte, gleichsam im Geiste dictirend, Diderot weiter. — „Auf diese Weise ist also jede direkte Mittheilung zwischen dem Staatsober=haupte und seinen Unterthanen unterbrochen. In dieser Zurückgezogenheit in Ihrem Palaste werden sie von Tag zu Tag den Kaisern des Orients ähnlicher ...."

„Kostbar!" — rief hier Düclos, — „aber ich würde noch die übrigen Aehnlichkeiten erwähnen, die der Hof Ludwig XV. mit dem Hofe Sardanapals hat: Frau von Pompadour und das Haus im Hirschpark!"*)

„Seien wir ernsthaft!" — fiel jetzt Helvetius ein, — „die Sache ist nicht so übel gedacht."

„Nicht so übel?" — rief Düclos kopfschüttelnd, — „und was glaubt Ihr, würde der König zum Beispiel auf eine solche Ansprache — würde sie mündlich gemacht — antworten?"

„Nun," — sagte Helvetius, — „er würde entgegnen: Ich habe Truppen, um die Massen meinen orientalischen Befehlen gehorsam zu machen und Kerker um allzukecken Schreiern das Maul zu stopfen."

*) Ein Haus, von einem sehr entfernten Theile Versailles, dem Hirschpark (parc aux cerfs), in dem es lag, so benannt, in welchem Ludwig XV. seine kleinen Liebeshändel betrieb. Memoiren der Madame du Haussez 81. 118. u. s. w.

„Und dann?" — frug Düclos.

„Dann," — sagte Diderot und streckte seinen Körper mit den gegen den Tisch gestützten Füßen so lang aus, daß er jeden Augenblick auf seinem Stuhle umzustürzen drohte, — „dann würde ich den Mann mit der Krone aufmerksam machen, daß, wenn — wie die Geschichte beweist — Könige sich einzig auf Soldaten stützen, diese gar bald ihre Gewalt nur allzugut fühlen und sie mißbrauchen."

„Diderot! ihr fallt und brecht den Hals!" — rief hier Helvetius hastig und mit anscheinender Besorgniß.

Aber Diderot blieb ruhig. Ein feines Lächeln spielte mit seinen vom Leben verwüsteten Zügen; dann sagte er:

„Helvetius würde auch auf seinem schönen Landgute Voré sicherer sitzen als hier. Die Jesuiten haben so lange Arme als die Könige."

„Malt den Teufel nicht an die Wand!" — rief jetzt Düclos dazwischen, — „sondern erbaut uns lieber noch weiter mit Eurer sublimen Idee eines directen Schreibens an den König."

„Also," — fuhr Diderot fort und bog die Kniee schaukelnd zusammen, — „ich schrieb dann ungefähr folgendermaßen weiter: Ihre Finanzen, Sire, sind in der größten Unordnung . . . ."

„Und der größte Theil der Staaten ist durch diese Ursache untergegangen!" — warf Helvetius ein.

„Richtig!" — sagte das Haupt der Encyklopädisten. — „In unserem Jahrhundert ist aber das Geld zur Universal-

traft geworden und Sie, Sire, haben keines. Der Finanz-
geist hat alle Theile angesteckt und beherrscht den Hof. So
kommt es, daß bereits Alles verkäuflich ist: Stellen, Ehren,
Tugend, Treue . . . . ."

Hier klatschten zwei Hände in feinen weißen Glace-
Handschuhen Beifall, es waren die Grimm's, der leise
hinzu getreten war, aber Diderot ließ sich dadurch weder
in seiner Lage noch in seiner Rede stören. Er nickte
Grimm freundlich zu und fuhr unerschütterlich in gleich-
mäßigem Tone fort:

„Seit der Entlassung der Herren von Argenson und
Machault sind Ihre Minister ohne Genie und ohne
Fähigkeit. . . ."

„Bravo! bravo!"

„Man verwaltet in den Tag hinein, und es fehlt
durchaus an einer Seele, an einem kühnen, gewaltigen
Geiste, von dem die Impulse der Regierung ausgehen.
Die Veränderungen, welche man im Militär vornimmt,
erregen Widerwillen bei den Truppen . . . . ."

„Und sind Veranlassung, daß vortreffliche Offiziere
aus dem Dienste treten!" — ergänzte Grimm heftig.

„ . . . ein aufrührerisches Feuer entzündet die Gemüther
der Parlamente. Sie entschlossen sich dazu, sie zu bestehen, und das Mittel ist schlimmer als das Uebel. Es
heißt dies das Laster in das Heiligthum der Gerechtigkeit
einführen und die edlen Theile des Staates verpesten."

„Er hat recht, er hat bei Gott recht!" — rief hier
Helvetius. — „Würde ein bestochenes Parlament der

Wuth der Ligue getrotzt haben, um dem Legitimen Sou=
veraine die Krone zu erhalten? — Aber weiter Diderot,
ihr seid göttlich in Eurem Briefe, schade daß die l'Espi=
nasse noch nicht da ist, sie müßte Euch mit einem Lorbeer=
zweige krönen!"

„Weiter! weiter!" — riefen die Andern, die in der That
anfingen, auf des Freundes Gedanken einzugehen. Und
Diderot fuhr fort:

„In der Vergessenheit der Grundsätze Ludwigs XIV.,
der es als eine Gefahr erkannte, das Ministerium großen
Herren anzuvertrauen, haben Sie den Herrn von
Choiseul dazu erhoben; aber das ist noch wenig: Sie
haben ihm sogar drei Ministerien gegeben, und was ist
dieser Minister, auf dessen Haupt eine so schwere Last
liegt? . . . . Er ist ein Petit=Maitre ohne Talent und ohne
Wissen, der lediglich ein wenig Phosphor in seinem Ver=
stande hat!"

„Prächtig!" — „Ausgezeichnet!" — riefen hier Alle
und lachten aus vollem Herzen; aber zu gleicher Zeit krachte
es, und Diderot, dessen Stuhl durch das Schaukeln ge=
brochen, würde zu Boden gestürzt sein, hätte ihn Grimm,
der noch hinter ihm stand, nicht aufgefangen.

Alle waren erschrocken; — Duclos aber sagte:

„Freund, das ist ein böses Omen. Laßt den Brief
lieber sein."

„Nichts da!" — versetzte Grimm — „dem Aber=
glauben zum Trotz muß der Brief jetzt erst geschrieben
werden; aber . . . ohne Namensunterschrift. Und damit

man nicht darauf kommt, daß er von unserer Partei aus-
geht, so schlage ich vor, wir verdächtigen uns selbst
darin."

„Da kommt der Diplomat wieder zum Vorschein, der
Secretär des Herzogs von Orleans!" — entgegnete
Diderot finster. — „Warum nicht gerade und mit offenem
Visir?"

„Weil, wenn wir uns nennen, der König die gut ge-
meinten Winke verächtlich wegwerfen und uns außerdem
vielleicht beim Ohre nehmen wird," — versetzte Grimm
— „während ihn die Ungewißheit, von wem ein solches
Schreiben kommt und das Räthselhafte, Geheimnißvolle
desselben, sicherlich reizt und fesselt; obgleich ich demohnerachtet an keinen Erfolg glaube."

Diderot schüttelte mit dem Kopfe, dann sagte er: —
„Ich mag die verdammten Winkelzüge nicht leiden!"

„Es käme darauf an" — meinte Duclos — „was
Grimm zu sagen gedenkt."

„Nun" — versetzte dieser — „ich würde etwa sagen:
Eine andere der Aufmerksamkeit würdige Sache, Sire, ist
der offene Krieg gegen die Religion. Unter dem Vorwande
die Menschen aufzuklären, untergraben die Encyklopädisten
die Grundsäulen des Christenthums. Die Philosophen
greifen den Stamm des Baumes an, die Jansenisten und
Oekonomisten einige Zweige. So kann in zwanzig bis
dreißig Jahren dies Gouvernement in allen seinen Theilen
untergraben sein und mit Getöse zusammenstürzen."

„Nicht übel!" — meinte Helvetius — „das er-

schreckt! — ... das wird wirken und uns in Respect
setzen!"

„Aber," — sagte jetzt der bedächtigere Düclos — „wenn
man die Wunde aufdeckt, muß man doch auch an die Heilung
denken. Welche Mittel empfehlt Ihr dazu, Diderot."

„Auch daran habe ich gedacht!" — versetzte dieser, der
— die glücklich überstandene Gefahr eines Sturzes schon
vergessen habend — seiner Gewohnheit nach abermals auf
einem Stuhle schaukelte. — „Ich dachte man könne dann
allenfalls sagen: Wenn Eure Majestät, betroffen über
diese nur zu wahre Darstellung, um das Mittel fragen,
wie diese Uebelstände zu heilen sind, so werde ich antworten,
daß das Gouvernement zu seinen Principien zurückzuführen
ist, und vor allen Dingen sich beeifern muß, den Zustand
der Finanzen wieder herzustellen; denn die Verlegenheiten,
in welchen sich ein verschuldeter Staat befindet, führen
neue Auflagen herbei, und neue Auflagen reizen ein nieder-
gedrücktes Volk zum Aeußersten."

„Schön!" — rief Düclos spöttelnd — „setzt dann
nur noch gleich dazu: Mögen dann auch Majestät Ihrer
Stellung entsprechen! Rex, König und regere, regieren,
das sind die Worte, welche Ihre Pflichten andeuten.
Machen Sie nicht, daß man von Ihnen sage: Foeminas
et scorta volvit animo et haec principatus proemia
putat." *)

---

*) Frauen und leichtsinnige Gesellschaft erfüllen seine Seele, und
dies hält er für das Kostbare der Königswürde.

„Nun, Diderot!" — rief jetzt lachend Helvetius — „da habt Ihr Wahrheit, nackte Wahrheit, so viel Ihr wollt!"

„Die ich auch gebrauchen werde, wenn Ihr beistimmt!" — entgegnete dieser. *)

„Laßt uns nur noch mit Holbach darüber sprechen!" — versetzte Helvetius.

Aber in dem gleichen Augenblick rauschte es wie seidene Gewänder. Alle blickten um, und Holbach trat, die reizende Espinasse an dem Arme, in das Rondel. Ihnen folgte die Gräfin Tessé, begleitet von noch mehreren Herren und Damen jener Gesellschaft, die sich wöchentlich an den Dienstag Abenden bei Baron Holbach versammelte.

Welche Erscheinung aber war diese Espinasse! Nicht blendend von enormer Schönheit; aber übergossen mit jenem, den Französinnen ganz eigenthümlichen Reiz geistiger und körperlicher Vivasität, hinreißender und verlockender Grazie, entzückender — und doch geistig gehobener — Sinnlichkeit! Alles an und in ihr war Natur, und doch hatte auch Alles wieder den Schein einer allerliebsten Coquetterie. In ihren Zügen lag etwas unendlich Lieb- liches und doch waren sie zugleich so kräftig ausgeprägt, daß sie einen kühnen, festen, vor nichts zurückschreckenden Geist verriethen. Die Stirne war hoch und frei, Witz

*) Ein diesem Gespräch vollkommen entsprechender anonymer Brief Diderots gelangte in der That in drei Abschriften, an den König, Frau von Pompadour und den Polizeilieutenant und machte auf die beiden Ersteren und Herrn von Choiseul einen tiefen Ein- druck. Dennoch blieb er ohne Folgen.

und Gedankenschärfe verrathend; die Lippen warfen sich
ein wenig, wie von süßem Verlangen geschwellt, auf; die
Nase war leicht gebogen, die Augenbrauen schwangen sich
kühn. Alles aber beherrschten die lebhaften, feurigen
Augen, über welchen lange und dichte Wimpern einen
Schleier warfen, als wollten sie die Gluth mildern, die in
ihnen brannte. Und nun die Gestalt, so schlank und fein
gebaut und doch auch voll Kraft und Elasticität, die schön=
sten Formen zeigend, zumal was die Büste betraf, da nach
der schlüpfrigen Mode jener Zeit Hals und Schultern völlig
entblößt und der Busen kaum zur Hälfte bedeckt war.
Was Fräulein von Espinasse aber vor allen Dingen
auszeichnete, war ihr prachtvolles schwarzes Haar, das
sie — ganz im Gegensatze zu den damals üblichen, thurm=
artigen, dickgepuderten Haargebäuden der feinen Welt —
ungepudert trug, und das in einer Fülle von natürlichen
Locken auf die schönen Schultern und den von Perlen=
schnüren umschlungenen Hals herniederfiel.

So war sie denn auch in der That das Entzücken aller
Gesellschaften; denn ihr Inneres entsprach dem Aeußeren.
Witz und Laune verbanden sich bei ihr mit einem scharfen
Verstande und nicht unbedeutenden Kenntnissen. Und
während diese, im Vereine mit einem sehr lebhaften Tem=
peramente, ihr ein fast männliches Streben gaben, be=
hauptete doch die Welt, daß das Herz der schönen Espi=
nasse sehr empfänglich für zärtliche Eindrücke sei.*)

*) Julie Jeanne Eleonore de l'Espinasse, war gleich
ausgezeichnet durch Geist und Schönheit. Sie kam als Gesellschafterin

Uebrigens gehörten ja in jenen Tagen verliebte Aben=
teuer so sehr zum guten Tone, daß sich eine Dame von
Welt, die deren nicht fortwährend abzuspinnen gewußt,
geradezu lächerlich gemacht hätte. Der Hof zu Versailles
ging mit gutem Beispiele voraus, und Paris blieb natür=
lich nicht zurück.

Was übrigens die Espinasse — dieses damals leuch=
tendste Gestirn der Pariser Salons — immer bei ihrem
Erscheinen that, geschah auch heute bei Holbach: es ging
mit ihr der Tag für die Gesellschaft auf, die Sonne der
Heiterkeit leuchtete mit einemmale in ihrer vollen Pracht,
Funken des Witzes sprühten hier, schlugen dort, Bonmots,
Calembours und Spottgedichte regneten, durch Alles aber
zog sich ein beißender Hohn gegen das Bestehende, nament=
lich gegen das Treiben des Hofes und die Scheinheiligkeit
der höheren Geistlichen.

Grimm und der kleine schmächtige d'Alembert
suchten sich dabei nicht nur in Witzen, sondern auch in
Artigkeiten gegen die kleine Espinasse zu überbieten, die
jedoch heute noch keinem den Vorzug gegeben; nicht einmal

---

der Marquise Du=Deffand 1752 nach Paris, wo sie bald das
größte Aufsehen erregte und die Verehrer ihrer Herrin auf ihre Seite
zog. Selbst d'Alembert und Grimm huldigten den Reizen des
liebenswürdigen Mädchens. Nachdem sie hierauf die eifersüchtige
Du=Deffand von ihr entfernt hatte, bewirkte es der Herzog von
Choiseul, daß ihr der König einen anständigen Jahresgehalt aus=
setzte, worauf ihr Haus ein Sammelplatz der geistreichsten Pariser
wurde.

gegen den Sekretär des Herzogs von Orleans des heutigen
Zusammentreffens und der verabredeten Mittheilung ge=
dacht hatte. Und doch brannten ihre Blicke wie Feuer in
den Herzen dieser beiden Freunde, die sich hier als Rivalen
gegenüberstanden.

Als man sich jedoch mit dem Kühlerwerden des Abends
nach dem großen Garten=Salon zurückgezogen, um hier an
einer prachtvollen Tafel den Genüssen des Lebens und den
Wunderwerken des Holbach'schen Koches zu fröhnen, war
es Grimm gelungen, einen Platz an der Seite seiner
Dame zu erobern, während Diderot, der heute mehr
wie je in Gedanken versunken schien, zum Aerger d'Alem=
berts die andere Seite einnahm. Aber auch hier war
die Unterhaltung so belebt, daß Grimm zu keinem Zwie=
gespräch gelangen konnte. Die Gräfin Tessé berichtete
nämlich eben von neuen Indiscretionen, die sich Herr von
Choiseul in Betreff des Briefgeheimnisses zu Schulden
hatte kommen lassen, indem er seinen Freunden, die lächer=
lichen Liebesverhältnisse erzählte, welche die Briefe, die
man entsiegelte, oft enthielten.

„Unerhört!" — rief hier Baron Holbach. — „Man
begnügt sich also nicht damit, das Heiligthum des Brief=
geheimnisses zu mißachten, nein! man scheut sich sogar
nicht mehr, öffentlich wissen zu lassen, daß man diesen
Frevel begeht!"

„Aber wie kommt Choiseul dazu?" — frug Grimm,
den Champagner aus dem Eis nehmend und den Damen
eingießend, — „ich dachte dieses saubere Amt sei nur in

den Händen des Post=Intendanten und des Polizei=Lieute=
nants!"

„Jetzt," — entgegnete die Tessé — „ist auch der all=
mächtige Choiseul in das Geheimniß eingeweiht."

„Und kennen die Freunde das Verfahren dabei?" —
frug hier die Espinasse.

Man verneinte.

„Nun" — fuhr jene fort — „da es in der That zu der
Sittengeschichte gehört, will ich es Ihnen mittheilen.
Sieben Post=Commis suchen die Briefe aus, die ihnen
zum Entsiegeln bezeichnet werden oder die auch nur ver=
dächtig erscheinen. Darauf wird der Abdruck des Siegels
mit der sogenannten Quecksilber=Kugel genommen. Ist
das geschehen, legt man die Briefe auf die Seite des Sie=
gels über eigens dafür eingerichtete Gefäße mit heißem
Wasser, welches das Lack auflöst, ohne das geringste an
den Briefen zu verderben. Nach genommener Einsicht
und Abschrift, werden sie dann wieder vermöge des ge=
nommenen Siegel=Abdrucks zugesiegelt."*)

„Und von wem weiß unsere angebetete Julie diese
saubere Procedur so genau?" — frug jetzt Helvetius.

„Von Choiseul selbst!" — entgegnete die Ange=
redete — „der es mir lachend erzählte."

Tiefer Unwille gab sich überall kund und Dr. Ques=
nay, der — obwohl Leibarzt der Pompadour — den=
noch zu den Encyklopädisten gehörte, rief mit Indignation:

---

*) Memoiren der Frau von Hausset.

„Ich würde lieber mit dem Henker als mit diesen Menschen speisen."*)

„Wer wird sich da ärgern!" — sagte Diderot und trank sein Glas Champagner auf einen Zug aus. — „Bekannte Sachen. Ich weiß aber noch eine pikantere Neuigkeit."

„Nun?!" — riefen Alle.

„Wenn mir Holbach verspricht, keinen schlechten Roman daraus zu machen, will ich sie mittheilen!" — versetzte Diderot sich dehnend. — „Sonst will ich mein Gewissen mit keiner neuen Todsünde unnöthig belasten."

Alle lachten. Holbach aber rief: „Seitdem ich Diderot's: „Jaques le Fataliste" gelesen habe, ist mir der Geschmack an allen Romanen vergangen. Diderot kann also ruhig sein!"

Jubel begrüßte diese beißende Entgegnung; Diderot aber versetzte ganz ruhig: — „Wenn das Buch schlecht ist, trägt Holbach die Schuld, denn ich nahm ihn als Tipus für meinen Jaques. Doch zur Sache! Sie berührt den Hirschpark."

„Diderot!" — rief jetzt Helvetius lachend — „Ihr werdet doch nicht!"

„Nun," — versetzte dieser — „wenn Ihr Trapist geworden seid, was freilich erst seit Kurzem sein kann, so haltet Euch die Ohren zu, ich erzähle jetzt die Geschichte meiner schönen Nachbarin!"

*) Quesnays eigene Worte.

„Recht, Freund!" — entgegnete diese, in ihrer kleinen weißen Hand den Fächer spielen lassend, — „was Liebe betrifft interessirt ein weibliches Herz immer, und hier ist doch gewiß von einer gekrönten Liebe die Rede!"

„Also!" — hub Diderot an — „ein junges Mädchen aus einer braven bürgerlichen Familie, das der König öfters gesehen und dem er — nachdem man sie in den Hirschpark gebracht — mehr Zärtlichkeit als einer anderen bewiesen hatte, war ohnlängst bei der Nachricht, der König sei meuchelmörderisch angefallen worden, beinahe in Verzweiflung. Die Mutter Aebtissin, — denn so nennt man die gute Frau, welche zwar nicht Mitglied der Wiener Keuschheits-Commission aber Oberaufseherin über den Hirschpark ist, — wurde den außerordentlichen Schmerz gewahr, dem das Mädchen unterlag, und frug es so glücklich aus, daß dieses ihr gestand, es wisse, daß ihr Geliebter, der sich für einen polnischen Grafen ausgebe, der König von Frankreich sei."

„Nun!" — rief Fräulein von Espinasse — „für einen polnischen Grafen kann sich seine Majestät Ludwig XV. schon ausgeben; denn das ganze Regierungswesen ist ja jetzt eine polnische Wirthschaft!"

„Er scheint also Selbsterkenntniß zu besitzen!" — meinte Diderot. — „Aber davon wollte die alte Dame im parc aux cerfs nichts wissen. Sie examinirte also weiter und es ergab sich, daß die holde Kleine aus unschuldiger Neugierde, vielleicht auch aus Eifersucht, in den Taschen ihres Endymions gekramt und zwei Briefe hervorgezogen hatte,

von denen der eine von dem König von Spanien und der
anderen von dem Grafen Broglie war."

„Das Mädchen wurde nun tüchtig ausgescholten, und
man rief den ersten Kammerdiener, Lebel, der in jenem
Hause alles veranstaltet. Dieser nahm die Briefe und
trug sie zum Könige, welcher sehr verlegen wurde und bei
sich beschloß, eine so wohl unterrichtete Geliebte nicht wie=
derzusehen. Bald aber merkte das Kind, daß der König doch
heimlich kam, um ihre Genossin zu besuchen, und daß sie
verlassen sei. Sie paßte nun auf seine nächste Ankunft,
und in dem Augenblick, in welchem er das Zimmer der
Anderen betrat, stürzte sie — die sich Mutter fühlte —
herein und zu seinen Füßen, flehte um Vergebung und be=
schwor den König bei seiner Liebe, bei seinen Zusagen und
Versprechungen, bei dem Kinde, das sie von ihm unter dem
Herzen trage, sie nicht zu verlassen."

„Der König war in der größten Verwirrung; um jedoch
keinen Lärm zu machen, beschwichtigte er das arme Kind,
das ihn wirklich zärtlich liebte, und versprach ihr Alles,
— auch für sie zu sorgen. Und, meine Herren und Da=
men," — setzte Diderot mit einer ironischen Ruhe hinzu,
die seinen verwitterten Zügen einen fast diabolischen Aus=
druck gaben, indem er gemächlich ein weiteres Glas aus=
schlürfte und langsam schaukelte — „der König hielt na=
türlich Wort. Vor drei Tagen brachte man die Kleine in
eine Irrenanstalt, behauptend, ihre Meinung; der pol=
nische Graf sei der König von Frankreich, wäre eine fixe Idee
und sie sei wahnsinnig!"

„O das ist schrecklich!" — riefen die Gräfin Tessé und Fräulein Espinasse, und letztere setzte hinzu — „und Diderot ist von der Wahrheit der Sache überzeugt?"

„Ich habe sie aus dem Munde der Mutter der Unglücklichen!" — versetzte jener, — „die sich aus Verzweiflung in die Seine stürzte und die ich so glücklich war zu retten!"

„Und ist für das Mädchen an keine Hülfe zu denken?"

„Schwerlich! Kommt sie glücklich nieder, so erhält das Kind, wie alle Kinder seiner allerchristlichsten Majestät, eine lebenslängliche Rente, und da sich alle diese Kinder beerben, und schon zwölf oder fünfzehn gestorben sind, so wird es einst zu leben haben, wenn auch seine Mutter . . . . ."

„Hört auf, Diderot!" — rief jetzt die Tessé — „oder glaubt Ihr, wir hätten Herzen von Stein?"

„Bewahre!" — entgegnete der Philosoph — „das ist eben der Fehler der Menschen. Hätte Ludwig XV. so kein weiches und empfängliches Herz, wäre diese Geschichte und so manch' andere nicht passirt!"

„Diderot!" — rief jetzt Holbach in edlem Zorne und mit glühenden Wangen — „die Sache indignirt mich. Machen wir ein Pasquill darüber, diese schändliche Handlungsweise zu diffamiren!"

„Und bald!" — setzte Fräulein de l'Espinasse eifrig hinzu — „und so boshaft wie möglich. Die Sache wird dadurch bekannt und für den Hof gefährlich, was das Mädchen möglicherweise retten kann."

„Soll geschehen!" — entgegnete Diderot mit seinem

ewigen Gleichmuth; aber es leuchtete jetzt ein schönes Feuer aus seinen Augen. — „Soll geschehen und wenn auch nach dem altrömischen Zwölftafelgesetze der Tod und bei uns civilisirten Barbaren Zuchthaus darauf steht."

„Und ich besorge den Druck und gebe das Geld zur Verbreitung!" — rief Baron Holbach. — „Aber jetzt auch genug von diesen ernsten Dingen. Was wir heute von Neuigkeiten gehört, war schlimm. Hat Niemand etwas Erfreuliches?"

„Grimm, lieber Grimm!" — sagte bei diesen Worten die Espinasse, mit dem vollsten Zauber ihrer seelenvollen Stimme, indem sie sich so tief zu ihrem Nachbar herüberbeugte, daß dieser, geblendet von den sich ihm erschließenden Reizen, gluthroth und fast wie trunken ward — „lieber Grimm, retten Sie uns von Politik und Philantropie! Sie, der Mann der Kunst und zugleich der Diplomat, der mit allen deutschen Fürstenhöfen in Berührung steht . . . . . Sie haben gewiß irgend eine Neuigkeit auf dem Felde der Aesthetik, ... eine Kunstnotiz!. . einen Bericht über irgend eine schöne und herrliche Erscheinung!"

„Ich habe in der That" — versetzte Grimm leise, seine vielsagenden Blicke auf das holde Wesen neben ihm gerichtet — „in diesem Moment eine Anschauung des Schönsten und Herrlichsten gehabt, was man sich denken kann."

„Ach!" — seufzte mit feiner Coquetterie Fräulein von Espinasse, ohne jedoch ihr triumphirendes Lächeln verbergen zu können, — „auch er ist nichts als ein leichtsinni-

ger Mensch und ein Epikuräer! — Die Gesellschaft schmach-
tet nach seinen ästhetischen Ergüssen, als Balsam für die
Wunden, die ihr die rohe Wirklichkeit geschlagen, und er
speist uns in seinem Egoismus mit verwegenen Blicken
und süßen Redensarten ab. Hat man in Wien, in Italien
keine neue Oper? Ist keine Prima donna durchgegan-
gen? . . . . Antworten Sie doch auf diese Weltfragen.“

„Nun, Grimm!“ — riefen jetzt auch die Anderen.

„Da Sie mich an Musik erinnern,“ — versetzte Grimm,
der sich indessen von seiner Entzückung erholt hatte,
— „so fällt mir da allerdings eine Neuigkeit ein, die Sie
Alle interessiren wird. Ein Wunder wird ein Wunder
verrichten!“

„Soll das etwas Neues sein?“ — frug d'Alembert
mit einem Blick auf Fräulein von Espinasse. — „Ich
will gar nicht von den Wundern der Kirche sprechen; aber
ich kenne Augen, die selbst das härteste Philosophenherz in
Gluth und Fluß zu bringen vermögen.“

„Sogar mehr als eines!“ — spöttelte die Tessé.

„Ach!“ — rief Grimm — „das ist auch das einzige
Wunder an das ich bis jetzt glaube. Indessen sollen wir
Ungläubigen in der That demnächst auch durch ein musi-
kalisches Wunder bekehrt werden.“

„Sprechen Sie doch nicht immer in Räthsel!“ — sagte
jetzt ungeduldig Frau von Epinay.

„Nun dann,“ — versetzte Grimm, einige Zeitungs-
blätter und Briefe aus der Tasche seines Rockes ziehend —
„so hören Sie. Der Prinz von Zweibrücken schickt mir

da die Salzburger Zeitung,*) in der folgender Artikel, der
von Augsburg aus datirt ist, von ihm roth angestrichen
wurde." — Und er las in geläufiger Uebertragung: —
„Augsburg, den 9. Juli.

Vorgestern ist der Salzburgische Vice-Capellmeister
L. Mozart mit seinen zwei bewunderungswürdigen Kindern von hier nach Stuttgart abgereist, um sich über die
größten Höfe Deutschlands nach Frankreich und England
zu begeben. Wir haben die Kinder — ein Mädchen von
eilf und, was ganz unglaublich ist, einen Knaben von sieben
Jahren, — auf dem Claviere gehört, und müssen sie der
musikalischen Welt als ein Wunder unserer und
voriger Zeiten darstellen. Alle Kenner haben das-
jenige, was ein Freund von Wien ehedem von diesen Kindern geschrieben, so unglaublich es schien, nicht nur wahr,
sondern noch weit bewunderungswerther gefunden."

„Ich entsinne mich!" — rief hier Holbach — „seiner
Zeit von diesen Wunderkindern gehört zu haben. Sie
machten am Wiener Hof ungeheures Aufsehen."

„Und werden dies in Versailles und hier nicht minder thun!" — bemerkte Grimm. — „Der Prinz von
Zweibrücken, der sie in Nymphenburg bei dem Chur-
fürsten von Baiern hörte, kann gar nicht genug von der
Liebenswürdigkeit ihrer Erscheinung und der Virtuosität

---

*) Salzburger Zeitung vom 19. Juli 1763. (Bericht über das
Auftreten der Mozart'schen Kinder in Frankfurt am Main.)
Siehe: Belli-Goutard: Leben in Frankfurt. V. 25.

und Pracht ihres Spieles schreiben. Auch aus Schwetzingen schreibt mir der Musik-Intendant, Baron von Eberstein, mit dem gleichen Enthusiasmus von diesen Lieblingen der Götter."

„Ganz Schwetzingen ist in Bewegung," — sagt er unter anderem, — „und die churfürstlichen Herrschaften hatten ein unbeschreibliches Vergnügen. Das Mädchen spielt das Clavier auf eine brillante Manier und führt die größten Stücke mit einer erstaunlichen Präcision aus. Der Knabe, der künftigen Februar erst sieben Jahre alt wird, ist eine so außerordentliche Erscheinung, daß man das, was man mit eigenen Augen sieht und mit eigenen Ohren hört, kaum glauben kann."

„O darauf freue ich mich unendlich!" — unterbrach hier die Gräfin Tessé den Lesenden und alle Damen stimmten ein. Aber Diderot meinte achselzuckend:

„Was werden diese Kinder, näher betrachtet, anderes sein, als Automaten. Maschinen, die, durch eine vielleicht barbarische Dressur in Bewegung gesetzt, außergewöhnliche Verrichtungen zeigen. Ich liebe diese unnatürlichen Erscheinungen nicht, und ziehe wahrhaftig die hölzerne Taube des Archytas, die fliegen konnte, die kriechende Schnecke des Demetrius Phalereus und namentlich unseres großen Vaucanson's Flötenspieler und Ente vor. Darin liegt doch eine großartige geniale Berechnung.*) Aber dort . . .!"

---

*) Vaucanson's Automaten machten im vorigen Jahrhundert

„Diderot!" — rief hier Grimm, — „Ihr seid un=
gerecht. Hört nur, was der Intendant, also ein Mann
von Fach, weiter sagt: „„Es ist dem Kinde nicht nur ein
leichtes, mit der größten technischen Fertigkeit die schwie=
rigsten Stücke auszuführen, und zwar mit Händchen, die
kaum die Sexte greifen können; nein! es ist unglaublich,
wenn man sieht, wie es ganze Stunden lang phantasirt
und so sich der Begeisterung seines Genius und einer Fülle
entzückender Ideen hingibt! Der geübteste Capellmeister
kann unmöglich eine so tiefe Kenntniß der Harmonie und
der Modulationen haben.""

------

ungeheures Aufsehen. Zuerst zeigte er 1738 zu Paris einen fünf
pariser Fuß hohen sitzenden Flötenspieler, in dessen Piedestal der
Mechanismus verborgen war. Am meisten Aufsehen erregte es da=
bei, daß die Flöte an die Lippen angelegt, durch einen Luftstrom
geblasen und durch Aufhebung der Finger gespielt wurde. Der Ton
war gut und deutlich, auch wurden die Stücke durch verschiedene
Walzen verändert. Vaucanson's schönster und merkwürdigster
Automat war indeß die weltberühmte Ente. Sie war aus bron=
zirtem Kupferblech angefertigt, aber die Blechstreifen waren so über=
einander gelegt, daß die Farben einer wirklichen Ente ganz natürlich
herauskamen. Sie schlug mit den Flügeln, beugte, dehnte und
streckte den Hals, ahmte das Geschrei und Geschnatter, selbst das
Trüben des Wassers beim Saufen sehr genau nach, fraß vorgehal=
tenes Korn, trank und gab nach einiger Zeit eine Art von Koth wie=
der von sich.

Nachdem Vaucanson diese Automaten weit umher, bis nach
Rußland hin, gezeigt hatte, kaufte sie der berühmte Professor Bei=
reis in Helmstädt, wo ihr sehr zusammengesetzter, aus wahrhaft
zahllosen Ketten, Federn und Hebeln bestehender Mechanismus nach
und nach fast gänzlich zerfiel.

Grimm hielt hier einen Augenblick inne, um dem allgemeinen Staunen Raum zu geben, dann wandte er sich wieder zu Diderot und frug triumphirend:

„Nun, Freund, wie steht es nun mit Eueren Automaten?"

„So lange ich nicht selbst gehört und selbst gesehen habe," — entgegnete der Philosoph kalt, — „glaube ich nicht daran."

„O!" — rief Fräulein von Espinasse — „er ist und bleibt ein ungläubiger Thomas."

„Nun, er soll seine Finger in des Herrn Wunden legen!" — versetzte Grimm. — „Der Prinz von Zwei-brücken hat dem Vice-Capellmeister ein Empfehlungs-schreiben an mich mitgegeben; auch aus Frankfurt haben Mozarts ein solches an mich erhalten, und so werde ich sie denn unter die Flügel meiner Protection nehmen, und das Vergnügen haben, sie in dem Hause meiner schätz-baren und liebenswürdigen Nachbarin, dem Tempel der Musen und Grazien, wie ganz Paris es nennt, einzuführen."

„Allerliebst!" — versetzte mit grazienser Verbeugung und schelmischem Lächeln die Schöne. — „Wir werden suchen für diese Artigkeit dankbar zu sein."

Aber nun baten sich dies auch die übrigen Damen, namentlich die Gräfin Tessé und Baron von Holbach aus. Grimm sagte natürlich zu, und freute sich schon im voraus, sowohl auf die Kinder selbst, als auch auf die zu feiernden Triumphe.

Man war unterdessen aufgestanden oder hatte sich in kleinere Gesellschaften gruppirt. Der Champagner

wirkte und die Unterhaltung wurde lebhafter und leichter.
Der Witz funkelte wieder und die warm gewordenen Herzen
streiften die letzten leichten Bande der Etiquette ab. Scherze
und Bonmots traten in ihre alten Rechte, und jetzt war
es namentlich Gott Amor, der schalkhafte Knabe, der in
diesen lusterfüllten Regionen herrschte. Es versteht sich
von selbst, daß Fräulein von Espinasse auch jetzt die
Königin des Abends blieb, und Grimm verwünschte mehr
als einmal im Stillen den Hof von Verehrern und Ver-
ehrerinnen, der sie umlagerte und umstand und ihm auch
nicht die kleinste Möglichkeit ließ, sie auf einen Augenblick
zu sprechen.

Jetzt brach man auf und schon wollte Grimm ver-
zweifeln, als Julie, an ihm vorbeigehend, seinen Arm
nahm und lachend ausrief:

„Nun, mein ungetreuer Ritter, ich glaube die Wunderkinder haben es Euch jetzt schon angethan. Muß man des
Herrn Secretär Arm selbst nehmen? Ist das chevaleresque?"

„Aber," — flüsterte Grimm, — „haben Sie denn
ganz vergessen, daß ich Ihnen etwas mitzutheilen habe?"

„O nein!" — versetzte sie, und ein zauberhaftes, ver-
führerisches Lächeln umschwebte ihren Mund. — „Sie
wollten mir etwas von einem „Fall" berichten."

„Ganz recht! und Sie gehen?"

„Nein, Bester, ich fahre, und" — setzte sie flüsternd
hinzu — „in meinem Wagen ist auch noch Platz
für Sie!"

Frau von Pompadour.

Acht Tage waren seit jener Zusammenkunft der Encyklopädisten bei Holbach vergangen. Grimm hatte Gelegenheit gefunden, sich seines Auftrages bei Fräulein von Espinasse zu entledigen, und die Unterredung mußte in der That zu einem für beide Theile sehr befriedigenden Ziele geführt haben, denn der Secretär des Herzogs strahlte seit jener Zeit in fast auffälliger Verjüngung; auch war er heiterer und witziger denn je, und es verging kein Tag, an welchem man ihn nicht in dem eleganten Hotel der jungen Dame gesehen.

Aber jener Abend hatte noch andere Folgen gehabt, die weit wichtiger, da sie Paris und Versailles gleichmächtig berührten. Frau von Pompadour hatte sich so eben, obgleich die Sonne schon hoch am Himmel stand, erhoben. Jetzt trat sie, in ein reizendes Neglige gehüllt,

in jenes Boudoir, das durch seine Pracht und wundervolle
Ausstattung in ganz Europa berühmt war, und von dem
Fürst Kaunitz, bei seinem Aufenthalte als Abgesandter
des Wiener Hofes zu Versailles, schon gesagt hatte:
Um sich einen Begriff von dem Paradiese zu machen,
müsse man das Boudoir der Frau Marquise von Pompadour gesehen haben.

Es lag viel, sehr viel in diesem Worte des schlauen
Staatsmannes, und doch sagte es — auch ohne Hinblick
auf Eva und die Schlange — nicht zu viel; denn man
wußte nicht recht, sollte man sagen: die Zimmer der damals allmächtigen Beherrscherin Frankreichs seien in den
Garten, oder der Garten sei in ihre Zimmer gebaut; wobei immer noch fraglich blieb, ob hier Kunst oder Natur
den Sieg davon trügen. Mit einem Wort: dies Boudoir
übertraf Alles, was man bis dahin Aehnliches gekannt
hatte, kostete Ludwig XV. aber auch nicht weniger als
zweimalhundertundsechszigtausend Livres.

Doch was sind zweimalhundertsechszigtausend Livres
für einen König, der liebt, und für ein prunksüchtiges, ver-
schwenderisches Weib, das glänzen will!

In diesem Boudoir nun pflegte Frau von Pompadour täglich, so lange sie sich in Versailles befand, zu
frühstücken. Sie setzte sich daher auch heute zu diesem
Zwecke in den großen schwer vergoldeten Lehnsessel von
himmelblauer Seide mit kostbaren Stickereien, neben
welchem das zierliche Frühstücktischchen stand, dessen Platte,
von schönster florentinischer Mosaik, Psyche darstellte, in

dem Momente, in welchem sie den schlummernden Götter-
knaben Amor überrascht, und, überwältigt von seiner
Schönheit, den verrätherischen Tropfen glühenden Oeles
auf seine Schultern fallen läßt.

Es bedurfte keines besonderen Befehles, das Frühstück
zu bringen, denn kaum hatte Madame Platz genommen,
als ihr auch schon eine ihrer Kammerfrauen die Chocolade,
die mit dreifacher Vanille und Ambra angemacht war,*)
in einer goldenen Tasse servirte.

Frau von Pompadour, obgleich damals schon vierzig Jahre alt und sehr häufig leidend, trug immer noch die
Spuren großer Schönheit. Ihre Figur hatte etwas königliches und war, trotz ihrer Stärke doch vollkommen pro-
portionirt. Ihr blondes Haar zu einem, durch Federkissen
im Inneren gehaltenen, Thurme hoch in die Höhe gekämmt,
ließ die natürliche schöne Färbung unter dem Pouder freilich nicht erkennen; aber es war noch voll und reich vorhanden, wie zu den Zeiten, da sie, als Frau von Etioles
die Herzen der ganzen Männerwelt und auch das des
Königs von Frankreich gewann. Ebenso ging es, wenigstens scheinbar, mit dem Teint, dem freilich Frau von
Hausset, ihre Vertraute, durch die Farbe der Lilien und
der Rosen — der Unschuld und der Liebe — bedeutend
nachgeholfen und dessen Zauber, nach der damaligen Mode,
verschiedene Schönheitspflästerchen noch erhöhen mußten.

---

*) Memoiren der Frau von Hausset, Kammerfrau der
Marquise von Pompadour.

Was aber in seiner ganzen vollen Frische und Schönheit geblieben war, das waren die Augen, die groß und seelenvoll in die Welt schauten und in ihrem feuchten Glanze die alten Leidenschaften, aber auch Geist verriethen. Die Züge dieses Antlitzes trugen dabei das unverkennbare Gepräge eines unbändigen Stolzes, und doch hatte in ihnen die Hand der Zeit auch jene Liniamente angebracht, die so beredt von erlebten Schmerzen, getäuschten Hoffnungen und innerem Zerfall erzählen.

Von allem dem schien sich freilich heute nichts geltend zu machen; denn die Marquise blickte heiter um sich und unterhielt sich vortrefflich mit Frau von Hausset, die ihr — wie gewöhnlich beim Frühstück — das Neueste aus der Chronique scandaleuse des Hofes erzählte, und daran war zu Versailles niemals Mangel.

Als aber das Frühstück eingenommen und dies schöne und unterhaltende Kapitel beendet war, frug Frau von Pompadour nach den eingegangenen Briefen; denn da sie es war, die Frankreich in der That beherrschte, so wandte sich auch alle Welt vorab an sie, zumal ohne ihre Fürsprache und ihren Willen nicht die kleinste Stelle vergeben und keinerlei Regierungsmaßregeln getroffen werden durften.

Nachdem sie die eingegangenen Briefe und Bittschriften dann durchgelesen, pflegten gewöhnlich die Minister zur geheimen Berathung bei ihr einzutreten, namentlich Herr von Choiseul, der Minister der auswärtigen Angelegenheiten, des Krieges und der Marine, der ganz ihre

Creatur war,*) und sodann der Polizei-Lieutenant und der Post-Intendant; Esterer, um über die ausgeführten Polizeimaßregeln Rechenschaft zu geben, über die geheime Polizei zu berichten und neue Befehle entgegenzunehmen; Letzterer, um der Geliebten des Königs mitzutheilen, was die Tages zuvor eröffneten Briefe für Resultate geliefert.

Bei der Eröffnung der Briefe und Bittschriften war gewöhnlich — und so auch heute — Niemand zugegen, als Frau von Hausset, die ihrer Herrin gewissermaßen auch als Secretär und Vorleserin in geheimen Dingen und Sachen des Vertrauens diente. So stand diese auch jetzt in einiger Entfernung hinter dem Sessel der Marquise, deren Befehle ehrfurchtsvoll erwartend. Aber Frau von Pompadour schien kein Gewicht auf die bis jetzt erbrochenen Schreiben gelegt zu haben, denn sie warf die-

---

*) Etienne François de Stainville, Herzog von Choiseul und Amboise, Generaloberst der Schweizer, Staatsminister und Pair, geb. 1719. Nachdem er Botschafter in Rom und Wien gewesen, wurde er 1756 zum Minister der auswärtigen Angelegenheiten ernannt, — 1759 zum Herzog und Pair erhoben, und erhielt 1761 auch noch das Kriegs-Ministerium und das der Marine. Die beiden letzten Stellen behielt er, das Ministerium der auswärtigen Angelegenheiten aber ließ er auf seinen Vetter, den Herzog von Praslin, übertragen, übernahm es jedoch im Jahre 1768 wieder und gab seinem Vetter dagegen die Marine. Als 1764 seine Hauptstütze, die Marquise von Pompadour, gestorben, fing sein Einfluß zu wanken an. Den 24. Dezember 1770 wurde er auf sein Landgut Chanteloupe in der Touraine verwiesen, und starb 1785.

selben, nach flüchtiger Durchsicht verächtlich zu Boden, indem sie gelangweilt ausrief:

„Diese ewigen Klagen und Bittschriften! Daß man dieser zudringlichen Menschen nie loswerden kann. Ist das ein Jagen nach Aemtern und Stellen! Ich glaube, würde man ein Land entdecken, wo man Gift athmete, aber Gold und Ehrenstellen fände, die Menschen würden sich auch dort um dieselben reißen!"

„Ehre und Geldgier," — entgegnete die Hausset, — „sind eben die natürlichen Kinder der Ungleichheit der Stände und des Eigenthums, die jede Staatseinrichtung mit sich bringt."

„Freilich!" — fuhr die Pompadour fort, ein größeres dreimal versiegeltes Convert ergreifend. — „Im Staate aber ist die natürliche Gleichheit der Menschen unmöglich: sind also Ehrgeiz und Geldgier, wie du sagst, die natürlichen Kinder der Ungleichheit der Stände und des Eigenthums, so muß eine kluge Regierung auch diese Kobolde als Triebfedern ihres eigenen Willens und ihrer Plane sich dienstbar machen. Und ich glaube, meine Liebe, das verstehen Wir. Da hat sich zum Beispiel gestern ein Herr von Estrades gemeldet. Er ist ein schöner, noch ziemlich junger Mann, aus sehr guter Familie, aber durch ein wildes ausschweifendes Leben zu Grunde gerichtet und so verschuldet, daß ihm nichts übrig bleibt, als der Bicêtre oder eine Kugel. Er flehte mich auf den Knieen um eine Generalpächter-Stelle an, und versprach dagegen Leib und Seele für Uns hingeben zu wollen. Sieh! solche Menschen sind in vielen

Tagen des Lebens unschätzbar; — es sind Sclaven, die uns persönlich nichts kosten, und die man zu „Allem" ...... ich sage zu „Allem" gebrauchen kann! Ich werde den jungen Mann nicht vergessen."

Die Marquise hatte, während sie diese Worte zu ihrer Vertrauten sprach, das Couvert von seinen drei Siegeln befreit und eine kleine Druckschrift daraus entfaltet. Kaum aber waren ihre Blicke auf den Titel der Broschüre gefallen, als sie einen lauten Schrei ausstieß und das kleine Buch wie eine giftige Natter von sich warf.

Frau von Hausset eilte erschrocken herbei und sich theilnehmend über ihre Gebieterin neigend frug sie, bleich vor Schrecken, was ihr begegnet sei?

„Da! da!" — rief mit halb erstickter Stimme die Marquise, indem sie auf die Broschüre deutete, — „lies nur den Titel!"

Frau von Hausset gehorchte; aber auch ihr entschlüpfte ein Ausruf des Staunens, als sie die Aufschrift las:

„Ludwig XV. und der Hirsch=Park!" — „Unerhört! Unerhört!" — rief sie aus.

„Ja, bei Gott, unerhört!" — wiederholte Frau von Pompadour, die indessen aufgesprungen und nun mit großen Schritten im Zimmer auf und abging. — „Eine solche Frechheit, dem Könige gegenüber, ist unerhört! und daß eine solche Schrift gedruckt und veröffentlicht werden konnte, ist noch unerhörter!..... Wo ist Choiseul, wo der Polizei=Lieutenant? .... für was sind diese Menschen

da? . . . für was erhalten sie ihre unermeßlichen Gehalte?
. . . Hab' ich dafür ihre Habgierde mit Gold gefüttert, dafür die enormen Summen für die geheime Polizei bewilligt,
daß man mir und dem Könige solch' eine Beschimpfung in
das Gesicht werfen darf?"

Und Frau von Pompadour riß mit eigener Hand
die Flügelthüre auf, die nach den Vorzimmern führte und
rief mit vor Zorn bebender Stimme:

„Wo ist Herr von Choiseul? Wo sind die
Minister?"

Glücklicherweise aber hatte die Stunde noch nicht geschlagen, in welcher diese bei der allmächtigen Beherrscherin
Frankreichs täglich zu erscheinen pflegten, und Gourbillon, der schlaue und durchtriebene Kammerdiener der
Marquise, — der recht gut wußte, um was es sich handelte, da die gedachte Broschüre bereits seit dem gestrigen
Abend wie durch Zauber über ganz Paris verbreitet war
— konnte dieselben mit Recht entschuldigen.

Aber Frau von Pompadour war nicht gewohnt bei
ihren Launen Widerspruch zu finden. Sie stampfte daher
zornig mit ihrem niedlichen Fuße den persischen Teppich,
der den Fußboden ihres prachtvollen Boudoirs deckte
und rief:

„Sie sollen sogleich erscheinen!"

Gourbillon verbeugte sich ehrerbietig und Frau von
Pompadour warf die Thüre hinter sich zu.

Aber sofort schien ein anderer Gedanke sie zu durch-
zucken. Rasch ergriff sie die silberne Klingel und ließ sie

laut erschallen. Sofort öffnete sich die Thüre abermals, aber diesmal sehr leise, und Gourbillon erschien.

„Gourbillon!" — rief jetzt die Marquise noch immer vor Zorn glühend und mit funkelnden Augen: — „Was hat es Neues in Paris!"

Einen jeden Anderen, außer dem Angeredeten, hätte diese Frage und der Zorn der Marquise außer Fassung gebracht. Gourbillon aber saß zu fest in der Gnade und war in zu viele Geheimnisse seiner Herrin eingeweiht, als daß er Madame gefürchtet hätte. Er blieb daher ganz ruhig; ja das ihm eigene stereotype und unterthänige Lächeln, das seine bleichen und schmalen Lippen umschwebte, dieses untrügliche Merkmal gallonirter Spitzbubenseelen, verschwand nicht einmal von seinen Lippen, als er, sich demüthig bückend und die Hände reibend, sagte:

„Wenig, Ew. Gnaden! Man scandalisirt sich" . . . .

„Ueber wen?" — rief die Marquise und ihre Augen funkelten wie die einer Löwin, der man die Jungen rauben will.

„Ueber die Tänzerin Marigni, die den Herzog von Gontaut . . . ."

„Was Gontaut, was Marigni!" — rief die Mar= quise, — „ist nicht von seiner Majestät die Rede?"

„Das ich nicht wüßte!"

„Keine Verstellung, Gourbillon! Hast du nichts von einem infamen Pasquill gegen deinen Herrn gehört?"

„Von einem Pasquill, — nein!"

„Von einer Broschüre . . ."

„Doch, Frau Marquise, doch, von einer Broschüre habe ich gehört."

„Wie ist ihr Titel?"

„Gnädigste Frau!" — bat hier die Hausset, die eine noch gewaltigere Steigerung des Zornes bei ihrer Gebieterin verhindern wollte, da sie mit Recht die Folgen einer solchen Aufregung fürchtete. „Gnädigste Frau, ich bitte Sie, beruhigen Sie sich!" — Aber die Marquise herrschte ihr ein so gebieterisches: „Schweige!" entgegen, daß die Arme entsetzt zurückbebte.

„Wie ist ihr Titel?" — rief Frau von Pompadour noch einmal zu dem Kammerdiener gewendet.

„Ludwig XV. und der Hirsch=Park," — entgegnete Gourbillon so ruhig, als ob von der gleichgültigsten Sache die Rede wäre.

„Und ist sie viel verbreitet?"

„Ueber ganz Paris!"

Die Marquise drückte bei diesen Worten ihr Taschentuch so fest vor den Mund, daß ihr das Blut aus dem Gesichte zurücktrat, was bei der bleibenden Röthe der geschminkten Wangen und den schwarzen Schönheitspfläster=chen wahrhaft entsetzlich aussah. Aber es war dies nur ein Moment, dann sagte sie mit wiedergewonnener Kraft:

„Es ist gut, Gourbillon; — laß jetzt die Minister bescheiden."

Der Kammerdiener verbeugte sich und verschwand; aber in demselben Augenblick schrie auch die Marquise auf und sank, beide Hände auf ihr Herz gedrückt, ohnmächtig in die Arme ihrer Kammerfrau.

Es bedurfte wohl zehn Minuten lang der angestrengtesten Bemühungen der Frau von Hausset, bis die Marquise wieder zu sich kam; dennoch rief die erstere aus zarten Rücksichten Niemand zu Hülfe. Dies erkannte denn die Erwachende auch sogleich, und indem sie ihrer Vertrauten mit einem leisen Druck der Hand dankte, sagte sie:

„Es ist vorüber! Der Herzkrampf hat mich einmal wieder erfaßt. Aber," — fuhr sie dann fort, sich den kalten Schweiß auf der Stirne trocknend, — „jetzt muß ich vor allen Dingen wissen, was in dem Wisch steht."

„Gnädigste!" — rief entsetzt die Hausset, — „wollen Sie sich mit Gewalt krank machen? Ich beschwöre Sie bei Allem, was Ihnen heilig ist, legen Sie das Buch weg. Werfen Sie es mit Verachtung in das Feuer. Sie kennen ja längst die Angelegenheiten des Hirsch-Parkes; .... Sie selbst, meine Gnädigste, haben ja in der Großmuth Ihres edlen Herzens die kleinen Schwächen seiner Majestät geschont...."

„Sage lieber," — versetzte die Pompadour jetzt wieder mit festem Tone, — „ich habe mir selbst zumeist diese kleinen Rivalinnen gegeben, weil ich dadurch im Stande war, den König vor größeren Leidenschaften, die mir hätten gefährlich werden können, durch unbedeutende und nichtssagende Wesen, zu bewahren."

„Nun,“ — rief die Hausset, — „und dennoch konnte Sie dies elende Buch so sehr erzürnen?“

„Wahrlich nicht aus Eifersucht!“ — entgegnete stolz die Marquise, — „wohl aber, weil es eine Frechheit ist, die geheimen Angelegenheiten seines Königs bloszustellen. Doch ich muß die Art und Weise kennen, wie dies geschehen. Gib mir das Buch!“

Frau von Hausset wagte jetzt nicht mehr zu wider= sprechen. Sie gehorchte daher und die Marquise durch= flog die Schrift. Aber sie hatte noch keine fünf Minuten darin gelesen, als sie ausrief:

„Meinen Kopf zum Pfande, dies Pamphlet hat Dide= rot zum Verfasser, nur er vermag so beißend zu schreiben; — nur er hat die Stirne mit solchen schneidenden Sar= casmen seinem Herrn und König entgegen zu treten. Und um was dreht sich die ganze Sache?... um eine Närrin, ... oder besser gesagt, um eine eitle einfältige Thörin, die man, um ihr den Uebermuth zu vertreiben, auf einige Zeit in ein Irrenhaus gesteckt. Indessen .... hier muß Abhülfe geschafft werden;... man muß dem albernen Ding den Mund auf andere Weise stopfen, sonst gibt es böses Blut!.... Aber wie?“

„Wenn ich es wagen dürfte,“ — sagte hier die Hausset — „würde ich Madame an den vorhin erwähnten jungen Mann erinnern“

„An den Herrn von Estrades?“ — rief die Mar= quise mit leuchtenden Blicken.

„Bei Gott, Du hast recht! Das kommt wie gerufen!

Es ist eine Generalpächter-Stelle frei! Nimmt Estrades die Kleine, die gar nicht übel ist, in den Kauf, soll er die Stelle haben, und ich denke das Mädchen soll auch zufrieden sein, in ein alt=adeliges Haus zu heirathen. Für Estrades bangt mir es nicht . . . ." setzte sie dann nachdenklich hinzu . . — „wenn nur der kleine Trotzkopf keine Schwierigkeiten macht."

„Nun," — meinte die Hausset, — „die Wahl zwischen Wasser und Brod in einer Zelle des Irrenhauses und dem glänzenden und heiteren Leben an der Seite eines schönen jungen Mannes, von Adel, der Generalpächter wird, dünkt mir eben nicht zu schwer."

„Nur muß alles klug eingeleitet werden, so daß die Heirath — kommt sie zu Stande — und sie muß zu Stande kommen, — dies alberne Pasquill lügen straft!" — fuhr Madame fort. — „Estrades muß öffentlich bekennen, daß er jenen polnischen Grafen gespielt, den in Wahrheit der König machte. Kann sie dann durch Geld und Brillanten dahin gebracht werden, einzustimmen, so haben wir gewonnen."

„Und wem wollen Madame mit dieser — wenigstens in Betreff des Mädchens — vielleicht schwierigen Aufgabe betrauen?" — frug jetzt die Kammerfrau.

„Wen anders," — versetzte Frau von Pompadour, — „als Gourbillon, der ja alle diese Sachen besorgt, und der schon weit schwierigere Dinge geordnet hat. Eile sogleich zu ihm, bringe ihm diese fünfzig Louisd'or, setze ihm die Sache auseinander und sage ihm namentlich, daß

er die strengste Sorge trage, damit dies Pasquill nicht bis
zum Könige dringe, derselbe auch von seinem Dasein keine
Sylbe vernehme. Eile!" — rief die Marquise — „denn
ich höre Geräusch im Vorzimmer, die Minister werden
eingetroffen sein. Wir wollen eine Parthie spielen, die
entweder Diderot oder der Herr Polizei-Lieutenant theuer
bezahlen soll."

Und Frau von Pompadour beurlaubte mit einem
Winke ihre Kammerfrau, während Gourbillon die
Herren Minister anmeldete.

„Sie sollen kommen!" — herrschte die Marquise stolz,
indem sie sich nachlässig in ihrem Sessel zurücklegte und
einen weiteren Brief erbrach.

Der Staatsminister Herzog von Choiseul und der
Polizei-Lieutenant, Graf de Lusace traten ein.

Beide blieben an der Thüre stehen und verneigten sich
tief, — tief, wie vor dem Könige, und doch war das Weib,
das ihnen gegenüber saß und sie gar nicht zu bemerken
schien, nur die uneheliche Tochter eines Pachters von La-
Ferté-sous-Jouarre, der wegen Betrügereien hatt' flüchten müssen. Aber was kann die Liebe eines Königs nicht?
Mademoiselle Poisson, später Frau von Etioles,
war jetzt Marquise von Pompadour, Beherrscherin
Frankreichs, die selbst die Kaiserin von Oesterreich, die
stolze Maria Theresia, in einem eigenhändigen Schreiben „ma chère cousine" genannt hatte. Sie war die
„Macht," und der „Macht" huldigt die Welt.

Choiseul und Lusace verharrten daher mit geneigtem

Haupt an der Thüre des Boudoirs bis es der Marquise
gefiel, sie bemerken zu wollen.

„Ah!" — sagte sie dann mit einer kaum sichtbaren
Kopfbewegung — „die Herren Minister! — ... Treten
Sie näher, meine Herrn!"

Aber ihr Blick war bei diesen Worten so finster, in ihren
Zügen arbeitete so deutlich ein verhaltener Zorn, daß beide
Herren jetzt lieber einer Armee Feinde als diesem leiden-
schaftlichen, herrschsüchtigen Weibe gegenüber gestanden
hätten. Dennoch galt es, sich zu fassen und Herr von
Choiseul sagte daher mit anscheinender Ruhe:

„Die gnädige Frau Marquise haben befohlen zu erscheinen, als wir gerade auf dem Wege hierher waren, und
wir finden Sie schon mit Staatsangelegenheiten beschäftigt.
Bei Staint Denis! Frankreich darf sich Glück wünschen,
daß eine so thätige als schöne Hand das Steuer seines
Staatsschiffes leitet!"

„Ich wache wenigstens für das Land und den König,"
— versetzte Frau von Pompadour mit stolz zurückge-
worfenem Haupte und finsteren Mienen, — „wenn diejenigen schlafen, welchen diese Pflicht am heiligsten sein
sollte."

„Die Frau Marquise kann gewiß damit uns nicht
meinen!" — versetzte, so unbefangen als möglich, der
Herzog. — „Sie weiß ja, wie ergeben Choiseul und
Lusace ihren und des Königs Interessen sind."

„O ja!" — rief höhnisch auflachend die Marquise, —
„halte ich doch den Beweis dafür in den Händen!"

„Welchen Beweis?" — stammelten Beide. Frau
von Pompadour warf einen durchdringenden, zornigen
Blick, in dem sich zugleich ein gränzenloser Hochmuth spie=
gelte, auf die Minister, die verwirrt vor ihr standen; dann
nahm sie langsam die unselige Druckschrift und sie dem
Grafen de Lusace hinreichend, sagte sie mit beißendem
Tone:

„Wir gratuliren Frankreich zu einem Polizei=Minister,
der — trotz seiner öffentlichen und geheimen Polizei, trotz
der Millionen, die wir auf dies wichtige, zur Sicherung
der Ruhe und der Ordnung so unentbehrliche Institut ver=
wenden, nicht einmal den Druck und die Verbreitung einer
solchen, für Seine Majestät so beleidigenden Schandschrift
verhindern kann!"

In der That hatte sich jetzt eine Todtenblässe auf den
Angesichtern beider Herren gelagert, denn sie kannten dies
verhängnißvolle boshafte Pasquill, das Ludwig XV. auf
eine um so verletzendere Weise blosstellte, als es nur zu
sehr in der Wahrheit begründet war, seit gestern sehr gut.

„Nun!" — rief die Marquise zornflammend — „wie
kommt es Herr Graf, daß dies Buch erscheinen konnte?"

„Gnädigste!" — entgegnete der Polizei=Lieutenant mit
unsicherer Stimme — „ich habe seit gestern Abend kein
Auge geschlossen, keine Minute unthätig und außer Amt
verbracht; ... alle mir zu Gebot stehenden Hebel sind in
Bewegung gesetzt ... aber vergeblich, ... bis jetzt konnten
so wenig die Verbreiter und die Urheber dieses Pasquills,
als der Schreiber des unverschämten Briefes an den

König entdeckt werden, dessen Abschrift auch an Sie
gelangte."

„Einen Brief an den König?" — rief die Marquise
überrascht — „dessen Abschrift an mich gelangte? Ich habe
keine erhalten!"

„So liegt sie wohl noch versiegelt vor Ihnen!" — ent=
gegnete, durch diesen Beweis seiner Allwissenheit etwas
freier aufathmend, der Graf. — „Belieben die Frau Mar=
quise nur jenes Couvert mit dem schwarzen Rande zu öffnen.
Auch ich erhielt dies frevelhafte Schreiben, welches durch
unsichtbare Hände in mein Hôtel kam, denn die Post pas=
sirte keine der drei Abschriften."

Frau von Pompadour riß hastig die bezeichnete
Couverte auf und entfaltete den darin liegenden Brief.
Es war das bei Holbach verabredete Schreiben. Eine
dunkle Röthe des Zornes überflog ihre schönen Züge beim
Lesen desselben, und eben wollte sie ihrem Unmuthe mit der
vollen Leidenschaft, die ihr eigen, die Zügel schießen lassen,
als sich ein Geräusch vernehmen ließ. Entsetzt sprang sie
auf und lauschte nach dem geheimen Gang, der von des
Königs Gemächern zu den ihren führte. „Der König!" —
rief sie dann hastig, indem sie den beiden Herren durch einen
Wink bedeutete sich rasch zu entfernen. Aber noch hatten
diese sich nicht umgewandt, als sich die Tapetenthüre öffnete
und Ludwig XV., einen Brief in der Hand, eintrat.

Auch er war heftig erregt und seine bleichen verlebten
Züge durchschoß blitzartig jenes Nervenzucken, welches
immer ein Beweis höchster Erregung bei ihm war, und

wenn auch von ihm gar nicht gefühlt, doch unendlich peinlich auf seine Umgebung wirkte.

„Es ist Uns lieb, sie hier zu finden!" — rief der Monarch noch in der offenen Thüre, als er seine Minister erblickte, die sich, als sie sahen, daß es zu spät sei, sich zu entfernen, schnell mit tiefer Verbeugung nach ihm hingewandt.

„Es ist Uns lieb, sie hier zu finden! . . . . . Bleiben sie daher, meine Herren, Wir haben Wichtiges zu berathen!"

Und sich leicht vor Frau von Pompadour neigend, ergriff er deren Hand und sagte, indem er sie an seine Lippen führte:

„Welchen Dank schuldet Unser Herz der Frau Marquise, die mit so freundlichem Eifer Uns die tausend und abertausend Sorgen der Regierung zu erleichtern sucht. Bei Gott, Madame, Sie haben Uns zu sehr verwöhnt, und eben darum rüttelt Uns vielleicht die Vorsehung von Zeit zu Zeit aus Unseren Träumen auf, wie dies heute wieder geschehen."

„Ich hoffe, daß dies wenigstens nicht auf unangenehme Weise der Fall war?" — versetzte mit fast hörbarem Herzklopfen die Geliebte des Königs.

„Doch!" — entgegnete Ludwig und die Falten seiner Stirne zogen sich finster zusammen. — „Setzen Sie sich, meine Liebe, und lesen Sie dies Schreiben."

Der König führte dabei Frau von Pompadour nach ihrem Sessel zurück und während er sich selbst in einen

andern warf, überflogen die Blicke der Marquise mit Hast
die Zeilen des dargereichten Briefes.

„Majestät!" — sagte sie dann — „Sie haben mich
mit den Herrn Ministern gerade in dem Augenblick über=
rascht, als wir Rath pflogen, aus welcher Quelle des
Giftes und des Hasses, dieser schmachvolle, frevelhafte
Brief geflossen sein möchte."

„Wie?!" — rief der König überrascht. —

„Sie wissen um dies Schreiben?"

„Ja, mein Fürst!" — versetzte Frau von Pompa=
dour — „mir und dem Herrn Polizei=Lieutenant hat man
Abschriften davon mitgetheilt; dem Herrn Grafen Lusace
ohnzweifelhaft," — setzte sie schneidend hinzu — „um ihm die
Mühe der Nachforschung zu ersparen."

Der Graf zuckte zusammen, aber der König rief: —
„Als ob es hier Nachforschung bedürfte; wer anders hat
dies elende Machwerk verfaßt, als der Herr Abbé von
Bernis, der, seit Wir ihn vom Hofe verbannt, sich mit
den Jesuiten gegen Uns verbündet hat."

Aber diese Ansicht schienen die übrigen Anwesenden
nicht zu theilen. Die Marquise schüttelte daher mit dem
Kopfe und sagte:

„Sire! Sie trauen dem guten Abbé zu viel zu. Zu
diesem perfiden Actenstück hat er weder den Muth noch den
Verstand. Auch ist er ja Ew. Majestät zu Dank ver=
pflichtet, da Sie ihm den Cardinalshut verschafft."

„Wir haben ihm denselben hingeworfen!" — rief
Ludwig XV. finster — „wie man einem bösen Hund

einen Knochen hinwirft; — und hat er auch den Brief nicht verfaßt, so stammt er von seinen Freunden."

„Herzog!" — sagte jetzt die Pompadour — „was ist Ihre Meinung?"

„Wenn ich es wagen darf, hier meine Meinung aus- zusprechen," — versetzte der Herzog von Choiseul — „so glaube ich eher, daß der Brief ein neues Machwerk der verwegenen und revolutionären Partei der Encyklopä- disten ist."

„Dann wäre die Stelle gegen die Aufklärer nicht darin!" — meinte der König.

„Wenn sie keine Finte ist, das Auge der Polizei zu täuschen und sie auf falsche Wege zu führen!" — versetzte Choiseul.

„Und was meint Ihr, Lusace?" — frug Ludwig weiter.

„Ich theile die Meinung des Herzogs!" — entgegnete der Gefragte — „es ist ganz die Sprache Diderots!"

„Und auch ich stimme dieser Meinung bei!" — sagte die Marquise. — „Es sind dies die unseligen Früchte der Spöttereien Voltaires, der alles Heilige in den Staub zieht, und der albernen Schwärmereien Rousseau's, der von einem Utopien träumt, das die Welt nie finden wird."

„Aber!" — rief jetzt der König und es zuckte wie ein vernichtender Blitz über sein Antlitz — „der Brief ist Hoch- verrath, er tritt Unsere von Gott erhaltene Souverainität mit Füßen! Das Volk ist die rohe Kraft, die Regierung das Organ, der Kopf, die Seele des Staates, die Vereinigung beider ist die politische Macht, aber diese Macht ist nichts, wenn sie nicht in einer Hand ruht und von der Souverainität getragen wird."

„Darum Sire!" — versetzte die Marquise — „lassen wir um Gottes Willen diese Ideen nicht aufkommen. — Das Zwangsgesetz des Staates ist das Bindemittel der menschlichen Gesellschaft; wer dies Bindemittel lockert oder löst, ist ein Verräther an ihr!"

„Und sollen Wir Gewalt gegen die Encyklopädisten anwenden?" — frug der König. — „Sollen wir Holbach, d'Alembert, Grimm, die Prinzessin Carignan, die Gräfin Tessé, die Espinasse aufheben und nach der Bastille senden?"

„Majestät!" — rief hier der Herzog von Choiseul besorgt — „um Gottes Willen nicht! das hieße Feuer an eine Pulvertonne legen."

„O der Klugheit!" — versetzte hohnlächelnd Frau von Pompadour. — „Choiseul ist ein großer Diplomat. Sollen wir warten bis jene unruhigen Köpfe zu der einen Pulvertonne noch hunderte hinzugetragen, und dann der Blitz hineinschlägt? Wenn bei einem Schiffbruch zwei Menschen ein und dasselbe Brett ergreifen, das nur Einen tragen kann, so muß der schwächere herunter. Noth hat kein Gebot!"

„Vergebung!" — sagte Choiseul — „ist auch die Sache so ernst? Mir deucht: beim Lichte betrachtet sind die Ansichten dieser Menschen nichts als Gegenfüßlerei, Unzu=friedenheit aus Eitelkeit!"

„Die Eitelkeit mag die Mutter der Ausgeburten Diderot'scher Ansichten sein" — fuhr die Pompadour fort — „aber wenn diese Witze und Bosheiten nun Drachen=zähne wären, die mit der Zeit zu einer furchtbaren Ernte würden?"

„Am vernünftigsten wäre es am Ende," — sagte jetzt der König, — „wenn man diese Menschen gewönne. Die lautesten Schreier und Lästerer der Regierungen, wenn sie ein warmes und einträgliches Plätzchen, einen Titel, einen Orden oder sonst eine ähnliche Spielerei erhalten, schwei=gen und sterben ab, wie die Fische außer dem Wasser. Wir kennen diese Menschenbrut!"

„Das Herz Ew. Majestät ist zu gut!" — versetzte kopfschüttelnd die Marquise, der es indessen während dieses Gespräches viel leichter geworden war, da aus der Nicht=erwähnung des Pasquilles über den Hirsch=Park von Seiten des Königs, klar hervorging, daß dieses nicht bis zu ihm gedrungen. Sie widersetzte sich daher auch nicht weiter, als Ludwig — dessen Zorn sich, wie immer, rasch gelegt — jetzt ausrief:

„Wir sind überhaupt thöricht, aus der ganzen Sache viel zu machen. Es schadet Unserer Gesundheit und" — setzte er mit einem Blick auf Frau von Pompadour hinzu — „raubt Uns Stunden, die wir besser verbringen könnten. Choiseul und Lusace: Ihr setzt jedenfalls Eure Forschungen fort; — man muß wenigstens seine Feinde kennen. Zeigt die Spur auf den Abbé, wird es Uns sofort berichtet; ergibt es sich aber, daß sie nach dem

Hôtel Holbach führt, läßt man die Sache fallen. So lange Holbachs Koch noch so vortreffliche Pasteten liefert, und sie sich die Lorbeeren zu ihren Kränzen von seinen wilden Schweinsköpfen nehmen, sind sie unschädlich. Gourmands können fanatische, revolutionäre Schreier sein; aber... sie stürzen keinen Staat, denn sie lärmen nur um der Verdauung willen! Und nun, meine Herren, sagen Wir mit unserem großen Ahn: „tel est notre bon plaisir!"

Und der König machte eine leichte verabschiedende Handbewegung, worauf sich der Herzog von Choiseul und der Graf von Lusace unter tiefen Verbeugungen zurückzogen.

Choisy-le-Roi.

„Sind wir denn noch nicht bald in Paris?" — frug
eine zarte Kinderstimme, mit dem Ausdrucke der höchsten
Ungeduld, aus dem Schlage eines Wagens heraus den
Postillon, als dieser eben, um die Ecke eines Waldes bie-
gend, abermals in ein kleines armseliges französisches Dorf
einfuhr.

„In zwei Stunden, Monsieur!" — war die Antwort
des Postillons; aber . . . . im gleichen Augenblicke gab das
Schicksal eine andere; denn die Pferde, scheu gemacht durch
ein Paar schreiend daherrennende Bauernkinder, sprangen
zur Seite, und ehe der Postillon die Zügel noch anziehen
konnte, war der Wagen mit solcher Gewalt gegen eine
Mauer geschleudert, daß er krachend zusammenbrach.

Der durchdringende Schrei zweier weiblichen Stimmen
begleitete diese Katastrophe, die indessen für die Insassen
des Wagens noch glücklich vorübergegangen war; denn nu-

ter dem Zusammenlauf der gesammten Dorfjugend und
dem Fluchen des Postillons entwanden sich jetzt mühselig
vier Personen der umgestürzten Chaise. Es waren Vater
Mozart mit Gattin und Kindern.

„Da haben wir die Bescheerung!" — sagte endlich der
Vice-Capellmeister, nachdem er den Seinen zur Freiheit
verholfen und sich überzeugt, daß Niemand ein Unglück zu-
gestoßen — „jetzt sind wir vom frühen Morgen bis zur
Stunde, — ohne uns Ruhe zu gönnen — gefahren, haben
Trinkgelder auf Trinkgelder bezahlt, um ja Paris noch am
Tage zu erreichen und nun können wir vielleicht, zwei
Stunden von der Hauptstadt entfernt, in einem elenden
Neste übernachten!"

„Ach!" — seufzte die Capellmeisterin, deren Herz von
dem Schrecken noch wie Hammerschläge pochte, — „danken
wir Gott, daß wir so davon gekommen sind!"

„Ja, Mutter!" — versetzte Vater Mozart — „das
wollen wir auch, und in meinem ersten Briefe an Freund
Hagenauer in Salzburg, will ich ihn bitten vier heilige
Messen zu Maria-Plain und eine bei dem heiligen Kindel
zu Loretto lesen zu lassen;*) ..... aber unangenehm
bleibt die Sache deshalb doch. Du weißt ja, daß man uns
heute gegen Abend im Hotel des Bayerischen Gesandten,
Grafen von Eyck,**) der uns so freundlich eingeladen

---

*) Nissen a. m. O.
**) Die Gräfin war eine Tochter des salzburgischen Oberstkäm=
merers, Grafen Arco.

hat, erwartet. Dort sollen wir wohnen, ... die Zimmer
sind bereitet, und nun liegen wir hier an der Landstraße.
Hätten wir uns nur nicht durch den Besuch der gräflich
Lillibonnischen Güter verleiten lassen, diesen Weg einzu=
schlagen."

„Und wenn das nur kein böses Omen ist!" — seufzte
die Mutter, die sich, um sich zu erholen, auf einen großen
Stein gesetzt hatte. Aber Wolfgang sprang zu ihr, faßte
sie ungestüm um den Hals, küßte sie und rief mit der gan=
zen Zuversicht der Jugend und des Genies:

„Mama! sei unbesorgt, ich werfe nicht um!"

„Glaub's, Herzenskind!" — versetzte die Mutter mit
freudestrahlenden Augen. — „Bin nur froh, daß wir Alle
mit ganzen Gliedern davon gekommen sind!"

„Und das Rad und die Achse, die zerbrochen, wird man
ja auch bald gemacht haben!" — meinte Nannerl.

„Wird eben nicht so geschwind gehen!" — versetzte der
Postillon den Hut etwas lüftend und sich verlegen auf dem
Kopfe kratzend. — „Hier gibt es nur einen Wagner und
der ist, wie ich so eben erfahre, im Felde. Weiß Gott,
wenn er nach Hause kommt!"

„So schickt man nach ihm!" — meinte Wolfgang.

„Ja!" — rief der Postillon — „wird viel helfen; sein
Schwager ist der Wirth des Dorfes und dem zu Gefallen
bleibt er dann eher noch eine Stunde länger aus!"

„Schöne Aussichten!" — sagte der Alte — „wie heißt
denn das Nest?"

„Choisy!" — versetzte der Postillon.

„Choisy?" — wiederholte Wolfgang freudig.

„Ei, Papa, da muß ja auch hier das Schloß Choisy-le-Roi sein, von dem uns die Gräfin Lillibonne so viel erzählt. Wie meinst du? Könnten wir nicht, während man auf die Rückkehr des Wagners und die Herstellung der Chaise wartet, nach dem Schlosse und seinen Gärten gehen?"

„Der Einfall, Männchen, ist gut!" — sagte der Vater. — „Meine Glieder sind ohnedem von dem langen Fahren steif, ich sehne mich darnach, ein wenig zu gehen."

„Nun, so geht!" — fiel hier die Mutter ein — „ich bleibe so lange bei dem Wagen und unseren Sachen zurück. Der Schreck ist mir ohnedem in die Beine gefahren, so daß ich lieber ausruhe."

Es war somit ein Auskunftsmittel getroffen, die Zeit, die man hier nothgedrungen verbringen mußte, auf die vernünftigste Weise zu tödten, und so machte sich der Vater mit Wolfgang und Nannerl nach dem Schlosse auf den Weg.

Aber es war auch in der That der Mühe werth, diese prächtige Besitzung der Könige von Frankreich zu besichtigen; — diese Besitzung, an welche die Geschichte so viele Erinnerungen knüpft; — Erinnerungen der Freude und des Schmerzes, froher Tage voll Jubel und Seligkeit und Jahre der Thränen und bodenlosen Jammers!

Das Schloß — jetzt längst den Stürmen der Revolution erlegen und von deren wildbrandenden Wogen von der Erde hinweggespült — wurde im Jahre 1674 von

der Prinzessin von Montpensier, der Enkelin Hein-
rich IV., Tochter Gastons von Orleans, Nichte Ludwig XIII. und Base Ludwig XIV., erbaut.

Mademoiselle von Montpensier, deren Grund-
eigenthum von ungeheurer Ausdehnung war, die in Paris
das Palais-Luxembourg und in der Provinz die Schlösser
von Eu, Anmale, Thiers, Dombes, Châtellerault und
Saint Fargeau besaß, fand, daß diese prächtigen Wohn-
stätten, so fürstlich sie auch waren, ein Vorzug anderer ähnlicher Schlösser fehlte, nämlich der, daß sie nicht, wie Versailles, Sceaux und Saint-Germain, in der Nähe der
Hauptstadt lagen. Sie wollte gern in deren Umgebung
einen stillen Wohnort haben, wohin sie sich, wenn es ihr
beliebte, von Zeit zu Zeit, begeben konnte, — eine einsame
Stätte, in die sie sich vor dem Geräusche der großen Welt
flüchten, und der Belästigung der ceremoniösen Visiten
entziehen,— ein ländliches Boudoir, wo sie unbelauscht ihrem
liebeglühenden Herzen Luft machen konnte, und wo sie
keine anderen Zeugen hatte, als die befiederten Sänger ihrer
Gärten und die Schiffer, die auf den Gewässern der nahen
Seine dahinruderten.

Diesen Zufluchtsort, diese liebliche Einsiedelei, dies
ländliche Boudoir suchte und fand sie in dem Dorfe
Choisy.

An den Ufern der Seine, inmitten großartiger Laub-
waldungen und zahlreicher Alleen alter Linden, Ulmen und
Pappeln gelegen, war ihre neue Wohnung vollkommen mit
ihrem Seelenzustande in Uebereinstimmung. Der berühmte

Lenotre, den sie nach Choisy holen ließ, um sich hinsicht-
lich der Anlage des Parkes und der Gebäude seines Rathes
zu bedienen, war der Meinung, man müsse alle diese
buschigen, dunklen Anpflanzungen niederschlagen, weil sie
den Zugängen zu dem Schlosse hinderlich seien, das man
sonst nur durch einige Waldlücken erblicken könne. Aber diese
dichtbelaubten alten Bäume, diese laubenförmigen Alleen,
dieses Halbdunkel, welches so wenig zu den Plänen Lenotre's paßte, harmonirte gerade mit den süßen, schwer-
müthigen Gedanken von Mademoiselle; deshalb schickte sie
den Architekten Ludwig XIV. nach Versailles zurück und
entschloß sich, nur die Pläne, welche ihre eigene Phantasie
geschaffen hatte, in Ausführung bringen zu lassen.

Das nach ihren selbstentworfenen Plänen erbaute
Schloß Choisy wurde nun und blieb ihr ganzes Leben lang
der bevorzugte Gegenstand ihrer aufmerksamsten Sorgfalt, und da sie es mit Recht als ihr Werk betrachtete, so
liebte sie es, wie eine Mutter ihr Kind liebt, und schmückte
es ohne Unterlaß mit neuen Zierden; sie wollte sogar, daß
es ihren Namen trüge, so daß es bis zur Zeit Ludwig XV., wo es Choisy-le-Roi genannt wurde, nur unter
dem Namen Choisy-Mademoiselle bekannt war. *)

Aber wie herrlich hatte es Ludwig XV. wieder her-
stellen, wie großartig verschönern lassen!

Staunend standen jetzt Vater und Kinder vor diesem

---

*) Geheime Chronik der königlichen Lustschlösser Frankreichs.
I. Bd. S. 10.

Wunderbau, zu dessen stolzer, prunkvoller Erscheinung alle Künste hatten beitragen müssen.

Außerhalb desselben sah man überall nur Statuen, Bosquets und Springbrunnen in marmornen Bassins; die äußeren Mauerwände selbst waren mit tausenderlei in Stein gemeißelten Ornamenten überladen; ja der kleine Wolfgang hatte Recht, als er bemerkte, daß es unmöglich sei, einen Blick auf das Gebäude zu werfen, ohne sogleich irgend einem pausbackigen Liebesgott zu begegnen, der nicht auf die anmuthigste Weise von der Welt dem staunenden Beschauer eine enorme Rosenguirlande entgegen halte. Ebenso war keine einzige Fenstereinfassung zu sehen, welche nicht mit dieser — in jener Zeit unvermeidlichen — Zierde gekrönt gewesen wäre.

Und nun gar das Innere des Schlosses, das ein höflicher Castelan den Fremden bereitwillig um ein kleines Trinkgeld öffnete: — wie prunkte es in der ganzen Pracht des französischen Renaissance-Styles! Da gab es nicht ein Fach des Holzgetäfels, auf welches nicht der Pinsel eines Boucher oder Vanloo, inmitten der anmuthigsten Sinnbilder, Götter, Göttinnen, Amoretten, Nymphen und Satyre hingezaubert hätte. Die ganze Mythologie war erschöpft und hätte von einem Wißbegierigen hier studirt werden können.

Da gab es keinen Plafond, keinen Karnies, an welchem das Gold nicht in reicher Fülle verschwendet worden wäre. Und dann diese zahllosen Spiegel — auch eine Eigenthümlichkeit der damaligen Bauart und Mode — die, zum Ent-

zücken der Mozart'schen Kinder, ihnen ihre lieblichen Köpf=
chen in hundert getreuen Bildern zurückwarfen.

Sie verweilten lange in den Zimmern, dann aber
drängte Wolfgang auch die Gärten zu sehen; denn ihm
ward bange in all' der todten Pracht, und sehnsüchtig
schlug sein Herz der Freiheit und der Natur entgegen.

Während aber Vater Mozart mit den Kindern den
langen Alleen und den vielen künstlich verschlungenen
Wegen unter dem dichten grünen Laubdache hundertjähriger
Eichen und Buchen entlang ging, kamen in einem anderen
Gange des Parkes zwei ältere Damen langsam einherge=
schritten. Sie waren beide nicht schön, aber dennoch spra=
chen die Züge der einen, bei einem Ausdruck von Hoheit,
zugleich Milde und Menschenfreundlichkeit aus. Es war
die Königin von Frankreich, die Tochter des entthronten
Königs von Polen und Herzogs von Lothringen und Bar,
Stanislaus Leczinsky's, die sanfte, fromme, vielge=
prüfte Gemahlin Ludwig XV., gefolgt von ihrer Ober=
hofmeisterin.

Die tiefe Trauer in welche sie und den Hof der vor
wenigen Tagen erfolgte Tod der Infantin versetzt, stand
dem bleichen Antlitze der königlichen Frau mit den Zügen
tiefen langjährigen Kummers wohl an, aber sie machte sie
noch bleicher, hob den Ausdruck einer, über der ganzen Er=
scheinung ruhenden Wehmuth nur noch schärfer hervor.

Aber welche Kränkungen und Zurücksetzungen hatte
auch die arme Königin Marie seit langen Jahren ertra=
gen müssen!

Als sie Ludwig XV., König von Frankreich, ehelichte, schien der Himmel das ganze Füllhorn des Glücks über sie ausgegossen zu haben. Marie war damals 22 Jahre alt, ihr königlicher Bräutigam aber — um jene Zeit ein Ideal der Schönheit und ritterlicher Tugenden — zählte deren erst fünfzehn. Aber Ludwig liebte und verehrte seine Gattin auch aufrichtig, so daß er einen entschiedenen Widerwillen gegen das Maitressenwesen zeigte, das unter seinen Vorgängern und der Regentschaft den französischen Hof Angesichts der ganzen Welt gebrandmarkt hatte. Alle Pläne der geschmeidigen Höflinge, die von der Sinnesänderung des Monarchen Nutzen zu ziehen hofften, scheiterten daher auch an der ehelichen Treue Ludwigs. Ja als einst einer dieser Elenden in seiner Nähe die Reize einer Dame geflissentlich bis in den Himmel erhob, trat der König zornig auf ihn zu und frug: — „Hätten Sie wohl die Frechheit, diese Dame schöner als meine Gemahlin zu finden?" Von da an vermied man natürlich sorgfältig, diesen Punkt nur im entferntesten zu berühren; aber die schlauen Verführer gaben darum ihre Absichten nicht auf. Ein tugendhafter König ist ja den Schlechten nie angenehm; denn es giebt keine besseren und sicheren Handhaben zur Beherrschung eines Regenten, als seine Schwächen. Man überließ sich also der Hoffnung, die Zeit werde den Monarchen schon anders stimmen. Und man hatte leider nicht vergebens gehofft.

Die Altersverschiedenheit des königlichen Paares wurde nach 10 Jahren fühlbarer; Ludwigs Zuneigung zur Kö-

nigin, obgleich sie ihm schon mehrere Kinder geboren hatte,
erkaltete allmählig, und nun trat auch die Verführungs-
kunst wieder an das Licht. Der erste Schritt der Untreue
machte den zweiten leicht, und schon nach wenigen Jahren
war Ludwig XV. zu jenem unwürdigen Fürsten herab-
gesunken, der, durch Wollust, Andächtelei, Verschwendung
und Despotismus, die Uebel des Staates unheilbar machte.

Seit jener Zeit war es um das Glück der armen Königin geschehen. In stillem Schmerz zerfließend, mußte sie
sehen, wie eine Mailly ihre Nebenbuhlerin ward, wie
diese wieder durch drei ihrer Schwestern verdrängt wurde;
wie ihr Gatte, die letzte derselben, die schöne Frau von
Tourelle, als seine Herzenskönigin zur Herzogin von
Chateauroux erhob, und wie endlich die Marquise
von Pompadour — die sie selbst als Ehrendame an-
nehmen mußte — alles Andere bei dem Könige verdrängte;
ja wie dieses Weib sich als Königin geberdete und Frankreich mit unerhörtem Despotismus regierte.

Und dennoch vergab sich die Tochter Stanislaus
Leczinsky's nichts. Allen Schmerz, allen Kummer ver-
schloß sie tief in ihr Herz und während sie so viele ihrer
Nächte durchweinte, zeigte sie dem Könige, dem Hofe und
der Welt ein sanftes freundliches Antlitz. Die Religion
war dabei ihre einzige Stütze; wer wird es da der königs-
lichen Dulderin verübeln, wenn sie nun ihr Alles in der
Kirche und einer übertriebenen Kirchlichkeit fand. Der
König ließ ihr übrigens dazu Zeit genug, weil er die seine
zwischen die Pompadour, die Annehmlichkeiten des

Hirsch-Parkes, der Frankreich eine Milliarde kostete, die
Jagd und scandalöse Orgien theilte. Die Königin Marie
war daher auch am glücklichsten, wenn sie von Zeit zu Zeit,
begleitet von ihrer Oberhofmeisterin, der Herzogin von
Ayas Versailles verlassen und sich auf Stunden nach
einem der benachbarten Schlösser begeben konnte.

So hatte sie denn auch heute die über den Hof ver-
hängte Trauer benutzt, um in der Einsamkeit von Choisy-
le-Roi ihren Träumen und Schmerzen nachzuhängen.
Aber sie selbst fühlte jetzt bei ihrem Dortsein, daß sie in
der Wahl des Orts nicht glücklich gewesen. Auch an diese
Alleen, mit ihren buschigen Seitengängen und versteckten
Plätzchen, auch an dieses Schloß, mit seinen prachtvollen
Hallen und Sälen und Zimmern knüpften sich peinliche
Erinnerungen.

Sie sprach dies eben gegen ihre Gefährtin, die Herzogin von Ayas, aus:

„Aber,“ — setzte sie dann schmerzlich bewegt hinzu, —
„wo soll ich Arme freilich hingehen, um nicht auf Zeugen
meiner Schmach und meiner Schande zu stoßen? — Die
Königin von Frankreich, so reich an den herrlichsten Be-
sitzungen, ist doch ärmer, als ihre ärmste Unterthanin, der
die Liebe ihres Gatten den geringfügigsten Besitz doppelt
werth macht.“

„Aber, Majestät!“ — versetzte die Herzogin, — „warum
auch Alles in den schwärzesten Farben sehen. Choisy-
le-Roi hat der geschichtlichen Erinnerungen so viele, daß

wir uns ja nicht an diejenigen anklammern müssen, die
uns gerade peinlich sind."

„Der geschichtlichen Erinnerungen!" — wiederholte
die Königin. — „O ja! die Prinzessin von Montpensier,
die es erbaut, hat hier Jahre lang um den, von ihr so sehr
geliebten Gatten geweint, um diesen elenden Lauzun, den
sie aus dem Staube erhoben, und der sie dafür verachtete,
ihre Güter verpraßte und das arme Weib so schmählich
mißhandelte, daß er einst, von einer Jagdpartie zurückgekehrt, Mademoiselle zurief: Louise von Orleans,
zieh mir die Stiefeln aus! und ihr, als sie — die Nichte
Ludwigs XIII. — ihn mit verächtlichen Blicken zurück-
wies, einen Fußtritt versetzte."

„Es war ein Elender!" — versetzte die Oberhofmeisterin im Tone tiefster Verachtung, — „ein Elender,
der in Mademoiselle die Krone und das Weib beschimpfte;
aber . . . . . Majestät! lag nicht auch hierin ein Fügung
Gottes? Jener Fußtritt machte, daß die Prinzessin fortan
ihr Leben nur frommen und religiösen Uebungen weihte
und zu einer wahren Heiligen ward."

„Ja!" — sagte die Königin, mit einem trüben Blicke
und einem sanften Neigen des Kopfes, — „und brach ihr
das Herz!"

„Nun denn!" — fuhr die Herzogin fort, — „desto
heiterer ging es hier unter dem Großdauphin zu. Der
Sohn Ludwig XIV. und Zögling Bossuet's schlug in
Choisy den Sitz der Freude auf."

„An was erinnern Sie mich, Herzogin!" — rief hier

die Königin. — „War es nicht Fräulein von Rambure, eine Hofdame seiner Gemahlin, mit deren Liebe er hier seine erotische Laufbahn begann? War es nicht die Schauspielerin Raisin, der hier die tollsten Feste gegeben wurden? O, meine Liebe," — fuhr Marie traurig fort, — „das Alles ruft mir eben die kleinen Soupers von Choisy-le-Roi in das Gedächtniß, die auch mein Gatte hier feiert."

„Er ist König!" — sagte mit besonderer Betonung die Ayas.

„Aber auch Mensch, Christ und Gatte!" — versetzte die Königin, — „und er war einst so gut, so edel, so treu!"

„Die Stellung eines Herrschers ist eine schwierige!" — fuhr die Oberhofmeisterin beschwichtigend fort, — „die vielen Versuchungen . . ."

„O! ich kenne seine Verführer!" — rief Marie schmerzlich bewegt. — „Es sind dieselben, mit welchen er hier jene unseligen kleinen Soupers hält: der Prinz von Soubise, die Herzöge von Duras und Richelieu!"

„Majestät!" — bat in aufrichtiger Theilnahme die Herzogin von Ayas, — „vergessen Sie! . . . Werfen Sie den Schleier der christlichen Liebe über diese kleinen Sünden eines sonst großen Königs."

„Meine gute Ayas!" — entgegnete die Königin sanft, — „Du weißt, daß ich für meinen Gatten und König kein Wort, keine Miene des Vorwurfs habe. Diese Zeiten sind längst vorüber. Mein Herz ist — ihm gegenüber, — begraben und todt, so wie ich todt für ihn bin. Nur

als eine Puppe figurire ich noch am Hofe: einzig, um durch
die Pracht meiner Staatskleider, das Flimmern meiner
Krone, das Blitzen meiner Brillanten und den eitlen
Prunk meiner Umgebung den Glanz des Hofes Ludwig XV. zu erhöhen, duldet, ja wünscht man es, daß ich
dort noch erscheine. Aber für mich und meinen Schmerz
ist dies Herz leider noch nicht abgestorben. Darum, meine
alte, treue Freundin, gönne mir, daß ich hier und gegen
Dich, mich ausspreche, ausweine in der Einsamkeit. O ich
weiß es," — fuhr dann die Königin fort, den schmerzlichen
Blick auf die Zimmer des Schlosses gerichtet, daß aus der
Ferne, vergoldet von den Strahlen der sich neigenden Sonne,
stolz und spöttelnd auf sie herniederblickte, — „o ich weiß
es nur zu gut, daß bei diesen vertraulichen Zusammen-
künften der König beim Eintritt in diese Räume seine
Majestät ablegt; dann gibt es für Alle, die geladen sind,
— Herren und Damen keine Etiquette mehr. Jedes kann
seiner Laune die Zügel schießen lassen und den Frohsinn
seines Naturells, so wie die Begabung seines Tempera-
ments an den Tag legen. Ich weiß es," — fuhr die
Königin in gesteigerter schmerzlicher Erregung fort, —
„daß bei diesen auserlesenen, unseligen kleinen Soupers
ein ununterbrochenes Kreuzfeuer pikanter Witze, unlau-
terer Epigramme unterhalten wird...."

„O Majestät!" — wagte die Oberhofmeisterin zu
unterbrechen, — „diese Gäste sind keine großen Geister..."

„Aber sie besitzen jenen Scharfsinn," — sagte die Königin ihre Hand auf den Arm der Herzogin von Ayas

legend, — „jene Sicherheit, jene kecke Frivolität, die in der
feinen Welt als Geist gelten. Und dann,“ — fuhr die
Fürstin immer erregter fort und ein leises Fieberroth zeigte
sich auf ihren sonst so bleichen Wangen, — „gegen Ende
des Mahles, wenn die Köpfe durch reiche Libationen der
edelsten Weine erhitzt sind, wird die Unterhaltung lebhafter,
die Manieren gestalten sich freier und jede Grenze fällt —
ich will nicht sagen des Anstandes — wohl aber der Achtung,
welche sich Jeder selbst schuldig ist, sei er nun König,
Herzog oder Bettler!“

Und die Königin verhüllte bei diesen Worten ihr Antlitz
mit dem feinen kostbar gestickten Battisttuche, das sie in
der Hand hielt, um ihre Thränen zu verbergen und ihr
leises Schluchzen zu ersticken.

Die Oberhofmeisterin war tief ergriffen, aber sie war
zugleich auch indignirt, daß man es gewagt, der Gattin
Ludwig XV. solche genaue Berichte über die Ausschwei=
fungen ihres Gemahles zu geben.

„Und sollte sich Ew. Majestät hier nicht von Ihrer
aufgeregten Phantasie täuschen lassen?“ — sagte die Her=
zogin.

„Nein, meine Liebe!“ — versetzte die Fürstin, ihre
Thränen trocknend. — „Ich weiß das Alles aus guter
Quelle.“

„Und wer konnte so grausam sein, das edle Herz meiner
hohen Gebieterin durch solche Berichte so tief zu verletzen?“
frug Frau von Ayas weiter.

„Diese Wunden wurden und werden in guter Absicht

geschlagen," — entgegnete die Tochter Stanislaus Leczinsky's, — „um das Herz einer armen Büßerin ganz
von den Banden der Erde zu befreien. Ich verdanke diese
Berichte meinem Beichtvater."

„Pater Chaulieu also!" — sagte die Herzogin mit
devoter Miene — „da muß ich schweigen."

„Und dieser Soubise!" — fuhr die Königin fort, und,
all ihrer Sanftmuth ungeachtet, blitzte jener edle keusche
Zorn aus ihren Augen, der die Tugend entflammt, wenn
sie dem Laster gegenüber tritt, — „dieser Soubise, dieser
fünfzigjährige Wollüstling, dieser Charles von Rohan,
dieser Prinz, der sich nicht schämt ein feiger Diener einer
Pompadour zu sein; den die unselige Schlacht bei Roß-
bach das Siegel der Schmach auf die Stirne gedrückt, daß
kein Marschallstab wieder lösen kann, ... er ist der Führer
in diesen Gesellschaften, wie er von je der Verführer meines
einst so guten Gatten war. Wissen Sie, Herzogin, was
er bei dem letzten Souper von sich selbst erzählte?"

„Nein, Majestät!" — versetzte die Herzogin — „aber
sollte der Bericht davon Ew. Hoheit nicht allzusehr auf-
regen?"

„Nein, mein Kind!" — sagte die Königin gelassen —
„vergönne meinem armen Herzen, daß es sich ausspricht.
Es wird dadurch leichter. Setzen wir uns einige Minuten
auf diese Marmorbank. Es ist ein schönes Plätzchen.
Sieh' nur wie diese Trauerweide ihre thränenschweren
Aeste über jene Urne senkt; — o gewiß, hier hat die arme
Erbauerin von Choisy-le-Roi auch oft gesessen und mit

feuchtem Auge in die dunklen Wipfel dieser Bäume ge=
schaut."

Die Königin schwieg hier einen Augenblick und schien
zu lauschen .

„Horch!" — sagte sie dann und ein wunderbarer
melancholischer Ausdruck belebte die Züge ihres Antlitzes.
— „Horch! flüstert es da nicht in den Zweigen, — —
rauscht es da nicht wie ferne, ferne Melodien?"

Und in der That hörte man jetzt wunderbar schöne
Accorde, die, wie aus der Unendlichkeit Tiefen, leise, leise
auf den Flügeln des Abendwindes herüberschwebten, wie
Grüße aus einer besseren Welt.

„Seltsam!" — rief die Oberhofmeisterin, und ein
leichter Schauer durchrieselte sie. — „Auch ich höre eine
ferne wunderschöne Musik. Es klingt wie Orgelton, und
doch — die einzige Orgel, die Choisy=le=Roi aufzuweisen
hat, befindet sich in der Kapelle des Parkes. Wer aber
sollte und könnte die jetzt spielen; denn hier ist kein Organist,
wenn der Hof hier nicht wohnt."

Aber die leisen, fernen Töne klangen fort und fort, so
süß und wieder so fromm, in so seltsam fremdartiger Weise
und doch auch wieder so sehr zum Herzen sprechend, daß bei=
den Frauen die Thränen in die Augen traten. Unwill=
kürlich hatten sie die Hände gefaltet und lauschten — halb
hörend, halb betend — bis es still und stiller ward und
sich endlich wieder die tiefe Ruhe, das großartige Schwei=
gen der Einsamkeit über die weiten Räume des Parkes
lagerten.

„Das waren keine irdischen Töne!" — sagte jetzt die, zu jeder religiösen Schwärmerei nur zu geneigte Königin. — „Ich fühle es in meinem Innern, es waren die Stimmen der Geister dieses Schlosses, die mein Herz beruhigen wollten. Es ist ihnen gelungen und so will ich Ihnen, Herzogin, nun mit Ruhe erzählen, was ich vorhin mit leidenschaftlicher Erregung thun wollte. Ich will es, damit Sie sehen, welch ein Mensch dieser Soubise ist; — damit Sie erkennen, daß in solcher Gesellschaft auch das edelste Herz untergehen muß . . . . und edel, gut und groß war Ludwig, ... da er noch mein war."

Die Königin hielt hier abermals einige Minuten, wie in Gedanken verloren, inne; dann fuhr sie mit ihrem Tuche über die Stirne als wolle sie die Bilder längst vergangener Zeiten verwischen, und hub an:

„Es war bei dem letzten kleinen Souper, welches der König hier in Choisy-le-Roi gegeben, als er sich etwas ermatteter wie gewöhnlich fühlte. Er wollte daher das geräuschvolle Vergnügen, daß unter seinen wenigen auserlesenen Gästen herrschte, ein wenig mildern, und schlug deshalb der Gesellschaft vor, das Souper dadurch zu beschließen, daß jedes der Anwesenden ein pikantes Abenteuer aus seinem Leben erzähle."

„Der Vorschlag war neu und wurde bereitwillig angenommen, und da Ludwig den Prinzen von Soubise als denjenigen bezeichnete, der den Anfang machen solle, so erzählte dieser folgende Geschichte:"

„Als ich zwanzig Jahre alt war, hatte ich eine hübsche

Gestalt und eine elegante Haltung. Dabei befand ich mich im Besitz eines Vermögens, welches meinem Aeußeren einen noch höheren Werth verlieh, während mich die größte Lust von der Welt beseelte, mich zu Grunde zu richten, — eine Lust, welche ich seitdem vollkommen befriedigt habe, zumal, wie ich bald merkte, die Frauen keinen Abscheu vor mir zeigten, und es, mein Herz zu entflammen, durchaus nicht nöthig war, daß sie Sprößlinge edler Häuser seien, oder Gewänder von Sammt und Seide trugen."

„O!" — sagte hier die Oberhofmeisterin, — „der Frivole. Ich höre ihn ordentlich in diesen laisciven Worten!"

„Hören Sie nur weiter, es kommt noch besser!" — versetzte die Königin. —

„Mein erster Kammerdiener, — fuhr also Soubise fort, — hieß Finot und war ein eben so schlechtes Subject, trotzdem daß er nur Kammerdiener war, wie so mancher vornehme Seigneur bei Hofe."

„Das heißt wenigstens die Wahrheit sprechen!" — meinte Frau von Ayas.

„Namentlich wenn es der Herzog auf sich bezog!" — sagte die Königin, dann fuhr sie also fort: „Eines Tages sprach er mir mit Begeisterung von einer seiner Consinen, die schön wie ein Engel und keusch wie eine Vestalin sei. Er hatte mit ihr von Liebe gesprochen, aber trotz seiner großen Erfahrungen hatte er sein Ziel doch nicht erreicht; denn das Mädchen wußte, daß ihr Cousin Finot bereits verheirathet sei. Sie wies ihn daher schnöde ab."

„Dies alles, sagte Soubise, hatte mir Finot erzählt, und nicht ohne Absicht; denn als er jetzt bemerkte, daß seine Schilderung der schönen Annette Dumont mich zu entflammen begann, setzte er mit pfiffiger Miene hinzu: Monseigneur, Sie sind — außer Seiner Majestät — der hübscheste junge Herr des ganzen Königreichs; an ihrer Stelle würde ich dieser kleinen Coquette den Hof machen; Ihnen wird sie nicht widerstehen können: Sie werden glücklich sein, und ich, ich werde den Trost einer famosen Rache haben.“

„Abscheulich!“

„Die Idee Finot's, — erzählte Soubise weiter, — mißfiel mir nicht. Es war dies ein Abenteuer nach meinem Geschmack; ich sehnte mich, das reizende Mädchen zu sehen und ward von den damit verbundenen Schwierigkeiten erst recht aufgestachelt. Mich in dem Glanze meines Ranges ihr zu nahen, war unmöglich, denn ihre Eltern, rechtschaffene Handwerksleute, vollgepfropft von den lächerlichsten Begriffen von Tugend und Ehrbarkeit, würden dies nie gelitten haben. Finot aber war ein köstlicher Bursche voller Ränke und Schliche. Auf seinen Rath zog ich den Livreerock eines meiner Bedienten an und war nun mein zweiter Kammerdiener, der College Finot's und sein Freund. In dieser Eigenschaft wurde ich denn auch seinem Onkel und seiner Tante vorgestellt und selbst von der Tochter freundlich aufgenommen.“

„Nie!“ — rief hier Soubise aus, — so erzählte die Königin weiter, — „nie habe ich ein reizenderes Mädchen gesehen. Sie hatte ein wahrhaftes Engelsgesicht; Augen von unbeschreiblicher Tiefe, einen schönen Wuchs, und so kleine Hände und Füße, daß sie einer Prinzessin Ehre gemacht hätten. Kurz ich verliebte mich sogleich sterblich in sie."

„Da gehörte allerdings nicht sehr viel dazu!" — meinte die Herzogin.

„Gewiß nicht!" — versetzte ihre königliche Gebieterin, — „aber hören wir weiter, was Monseigneur erzählte: Ich war galant und aufmerksam und so gestand sie mir denn nach einigen Besuchen, daß ich ihr nicht mißfalle; aber .... sie sprach von solider Liebe .... und .... vom Heirathen. Ich machte ihr also begreiflich, daß ich für jetzt noch nicht daran denken könne, da ich erst zu kurze Zeit im Dienst des Prinzen stehe. Unterdessen gestattete sie mir, ihr den Hof zu machen und .... ich benutzte diese Gelegenheit so gut ich konnte."

„O Gott!" — rief hier die Oberhofmeisterin empört, — „welche Frevler sind doch die Männer!! Bei allen Heiligen! es ist in der That ein Wunder göttlicher Gnade und Langmuth, daß er dies ganze Geschlecht nicht schon längst vertilgt hat!"

Die Königin seufzte tief auf.

„Und doch," — sagte sie dann mit gepreßter Stimme, — „sind wir immer wieder so schwach, sie zu lieben!"

„Majestät!" — rief die Herzogin, den Kopf stolz in den Nacken werfend, und ihre Mienen nahmen einen Ausdruck erschreckender Härte an, — „nicht alle sind dies. Ich

kenne seine Hoheit den Herzog von Ayas nur noch dem
Namen nach."

„Sie!" — versetzte die Königin trübe und legte mild
und beruhigend ihre Hand auf die ihrer Vertrauten, —
„aber nicht alle Herzen sind auch so stark, wie das Ihre."

Die Oberhofmeisterin zuckte leise mit den Achseln, und
es war, als ob ein Zug spöttischen Lächelns über ihr
Antlitz gleite; aber er verschwand in demselben Momente
wieder. Ihre Liebe und Theilnahme für die Fürstin —
die in der That noch unglücklicher war, als sie selbst —
siegte über ihre eigenen Gefühle und ihre persönliche Ansicht, und mit aller ihr zu Gebote stehenden Milde, bat sie
ihre königliche Freundin, um den Gedanken derselben eine
andere Richtung zu geben, in der begonnenen Erzählung
fortzufahren.

„Um diese Zeit," — fuhr also die Königin fort, —
„wurde eine neue Tragödie von Voltaire aufgeführt,
von der in ganz Paris gesprochen wurde. Auch die Familie Dumont bekam Lust sie zu sehen. Ich hatte, — so
erzählte der Prinz Soubise weiter — an diesem Tage
bei Herrn von La Poplinière dinirt, verließ sein Haus
etwas spät, und da ich nicht mehr nach Versailles zurück-
kehren konnte, ging ich in das Theater. Hier nahm ich
meinen Platz in der Loge der Madame René, denn es
war zu der Zeit, in der ich diese Dame leidenschaftlich
liebte!"

„Der Verräther!"

„Am andern Morgen trat Finot ganz zerstört in des

Prinzen Schlafgemach). Was bedeutet deine bestürzte
Miene? — frug dieser. — Monseigneur, eine fatale
Neuigkeit. . . — Welche? — Meine Cousine Annette ist
hier! — Was will sie? — Sie sehen! Sie hat Sie gestern
im Theater erkannt und schwört, daß sie nicht eher von
dannen gehen werde, bevor sie mit Ihnen gesprochen.“

„Die Scene die jetzt folgte, kann sich Jedermann denken
— fuhr der Prinz fort, und wie man mich versichert,“ —
setzte die Königin mit Indignation hinzu, — „ein diabo=
lisches und perfides Lächeln spielte dabei um die Winkel
seines Mundes. Die Thränen, — sagte er höhnend, —
die Seufzer der zärtlichen Annette, ihre Vorwürfe, ihre
Schmähungen waren nicht zu zählen. Die Kleine war zu
einer Furie geworden: was sie und die ganze tragische
Scene aber lächerlich machte, war ihr Verlangen: sie zu
heirathen! Die Idee, — rief der übermüthige Seigneur
— war in der That nicht übel; die Tochter eines Tischlers,
Gemahlin des Prinzen von Soubise! Ich lachte laut
auf . . . . aber in demselben Momente ward Annette
bleich wie der Tod, ihre Thränen stockten, hoch richtete sie
sich auf, sagte mir mit eisiger Kälte Lebewohl und verließ
mein Zimmer.“

„Ich muß gestehen, — erzählte der Prinz weiter, —
daß mich dieser letzte Auftritt doch etwas frappirt hatte.
Ich schellte also Finot und befahl ihm, seiner Cousine
rasch zu folgen und sie nicht aus den Augen zu lassen.
Finot eilte nach. Als er an den Pontneuf kommt, sieht

er eine Menge Menschen, welche sich nach der Brustwehr
drängen und hinab in den Fluß sehen."

„O ich ahne!" — rief die Oberhofmeisterin mit finsterer
Miene, und gedachte der letzten Begebenheit im Hirsch=
Park, die sie aus dem berüchtigten Pasquill kannte, von
der aber die Königin nichts wußte.

Diese hatte indessen den Ausruf ihrer Vertrauten über=
hört und fuhr mit sichtbarer Erregung fort:

„Finot fragt, was geschehen sei? und erfährt, daß
sich ein junges Mädchen eben ertränkt habe. Er bricht sich
durch die Menge Bahn, und sieht . . . wie Annette vom
Strome fortgerissen wird; sie sinkt . . . erscheint noch ein=
mal auf der Oberfläche des Wassers und verschwindet
dann für immer!"

„Ich war," — sagte Soubise, — als mir Finot
dies berichtete — in der That ein wenig bestürzt. Wer
hätte auch denken sollen, daß das Närrchen sich gleich
ertränken würde. Aber das sind die Folgen dieser albernen
bürgerlich=tugendhaften Gesinnungen, wie sie das gemeine
Volk hat. Selbst Finot, der Schurke, nahm den Tag
darauf seinen Abschied, und ich sah ihn nie wieder. Aber
abgehalten hat mich dies nicht, — rief Soubise dabei
lachend — noch manches schöne Abenteuer in diesen Stän=
den zu suchen und zu finden!"*)

Die Königin war sichtbar angegriffen und erschöpft.
Frau von Ayas dagegen rief empört:

---

*) Geheime Chronik der königl. Lustschlösser Frankreichs. I. Bd.

„O es ist schrecklich, wie weit diese Menschen in ihrer
sündhaften Verblendung gekommen sind!"

„Und dieser Mann," — sagt die Königin, Thränen im
Auge, indem sie die Hand der Herzogin krampfhaft preßte,
— „dieser Mann, der zugleich der Günstling einer
Pompadour ist, . . . ist der intimste Freund meines
Gatten, des Königs Ludwig XV. von Frankreich!"

„Majestät!" — rief voll Mitleid die Oberhofmeisterin,
— „beruhigen Sie sich."

„Beruhigen?" — wiederholte die Königin, — „beruhigen? wenn ich sehen muß, wie der Mann, den
ich liebe, in solch' verworfener Gesellschaft sein irdisches
und sein Seelenheil verspielt? Bedenken Sie, Herzogin,
was dazu gehört: solch' eine Geschichte mit fröhlichem
Herzen in heiterer Gesellschaft zur Belustigung zum
Besten zu geben?"

„Es ist wahr!" — versetzte die Oberhofmeisterin ge-
preßt, — „solch' eine entsetzliche Erinnerung hätte auf
dem Dasein eines jeden Mannes, dessen Herz nicht der
Hölle verfallen, für immer mit vernichtender Schwere ge-
lastet. Aber . . . ." — setzte sie begütigend hinzu, — „vergessen Ew. Majestät nicht, daß es der Prinz von Soubise war, der die Geschichte erlebte und erzählte; . . . . der
Prinz von Soubise, der durch ein fünfzigjähriges Leben
voll Intriguen, galanten Abenteuern und Scandalen jedes
sittliche Gefühl längst in sich erstickt hat."

„Und," — setzte die Königin mit einem tiefen, schmerzlichen Seufzer und bedeutungsvollen Tone hinzu, — „der

der tägliche Umgang meines Gatten und Herrn ist! — O!" — rief sie dann mit plötzlichem Entsetzen und schmiegte sich dabei fast ängstlich an die Herzogin, — „diese verhöhnten bürgerlich=tugendhaften Gesinnungen, wenn sie sich nur nicht einst fürchterlich an uns Allen rächen! — Schon wankt aller Glaube, — schon hört man das Heiligste nur mit Spott und Hohn erwähnen, — schon tritt überall, in dem Parlamente, in den socialen Kreisen der Hauptstadt, selbst unter dem Volke ein Geist der Opposition auf, wie ihn Frankreich nie gekannt; — schon wanken alle Stützen des Thrones . . . . Herzogin! . . . Herzogin! wenn diese verhöhnten bürgerlich=tugendhaften Gesinnungen nur nicht einst Racheengel an uns Allen werden!"

Die Königin schauerte in sich zusammen.

„Beruhigen Sie sich, Majestät!" — flehte die Oberhofmeisterin; aber es war ihr selbst so unheimlich zu Muthe, daß sie nichts weiter sprechen konnte. Es dämmerte dabei und der Abendwind spielte gespensterisch in den hohen, dichtbelaubten hundertjährigen Bäumen.

Da plötzlich zeigten sich in einiger Entfernung drei menschliche Gestalten in dem Gange, in welchem sich die Königin und ihre Vertraute befanden. Man konnte nicht erkennen, wer es sei, nur soviel ließ sich unterscheiden, daß es ein Mann und zwei Kinder waren.

„Lassen Sie uns in das Schloß gehen!" — sagte bei diesem Anblick, sich rasch erhebend, die Königin. — „Es ist Abend geworden und wir sind nicht allein im Park."

Die Oberhofmeisterin folgte diesem Befehle sehr gern;

aber beide Damen hatten kaum einige Schritte gemacht, als ein netter freundlicher Knabe rasch auf sie zueilte und die Königin in deutscher Sprache mit den Worten anredete:

„Schöne Dame, willst Du mir sagen, wo wir sind?"

Die Königin war anfangs erschrocken, und, über die Kühnheit des Buben ärgerlich, wollte sie ihn eben hart anlassen als sie die deutsche Anrede, sowie seine offenen freundlichen Züge fesselten.

Sie hielt daher an und sagte mit ihrer gewöhnlichen Milde und Güte in schönem reinem Deutsch:*)

„Wo Du bist, mein Kleiner? . . . . Nun im Parke von Choisy-le-Roi!"

„Ja, das weiß ich!" — versetzte Wolfgang, denn Niemand anders war der Knabe, — „aber wir haben uns hier irre gegangen, und finden nun nicht mehr den Weg zum Schlosse zurück!"

„Das ist etwas anderes!" — entgegnete die Königin, — „doch seid Ihr jetzt auf dem rechten Wege; folgt nur dieser Allee und in zehn Minuten liegt das Schloß vor Euch. Aber wer bist Du und wie kommst Du aus Deutsch= land hierher!"

„Ich bin der Wolfgang Mozart," — versetzte mit drolligem Selbstgefühl der Knabe, — „und will mit meiner Schwester, Nannerl, vor dem Könige und der Königin von Frankreich spielen."

*) 19. Brief Leopold Mozart's an Madame Hagenauer. Nissen.

„Spielen? was denn?"

„Ist mir gleich: Clavier, Geige oder Orgel!"

„Du!" — frug lächelnd die Königin.

„Ja, ich!" — versetzte fast beleidigt der Junge. — „Du scheinst doch eine vornehme Frau zu sein, hast Du denn noch nichts von dem Wolfgang Mozart und seiner Schwester gehört?"

„Nein!" — sagte die Königin, der das offene ungenirte Wesen des Kindes ungemein gefiel, und der es zugleich ungemein lieb war, durch diese freundliche Erscheinung von den trüben Einflüssen der letzten Stunde befreit zu werden.

„Ei!" — meinte Wolfgang den Kopf schüttelnd, — „dann mußt Du ja gar keine Zeitungen lesen!"

„Das thue ich auch nicht, mein Kind!" — sagte die Herrscherin Frankreichs. — „Wenn Du aber wirklich so geschickt bist, wie Du angibst und vor dem Könige und der Königin zu Versailles spielst, dann werde ich Dich dort wiedersehen und auch hören."

„Wie!" — rief entzückt der Knabe, — „so bist Du vom Hofe?"

„Allerdings!" — versetzte die Dame lächelnd.

„Nun!" — fuhr Wolfgang fort, — „dann grüße mir einstweilen die Königin: sie soll, — wie die Gräfin Lillibonne erzählte, — eine sehr liebe, gute und fromme Frau sein, und sage ihr, — denn sie hat gewiß schon von uns gehört, — der Wolfgang und die Nannerl Mozart wären mit ihren Eltern in Paris angekommen, und würden sie nächstens besuchen!"

Und mit diesen Worten sprang der Knabe zu den
Seinen zurück, während die Königin ganz aufgeheitert
ausrief:

„Nun, bei unserer lieben Frau, eine drolligere Vorstellung und Einführung am Hofe von Frankreich hat es
doch wohl noch nie gegeben!"

In Paris.

Die Familie Mozart war bereits in Paris angekommen und in dem Hôtel des baverischen Gesandten, Grafen von Eyck, abgestiegen. Die Nachricht von ihrem Eintreffen verbreitete sich denn auch sofort wie ein Lauffeuer über die Hauptstadt Frankreichs. Hatte doch Grimm, der sie sogleich aufgesucht und auf das herzlichste begrüßt, Sorge dafür getragen, daß die Tagesblätter der deutschen Wunderkinder auf das Wärmste gedachten. Und war eine solche außergewöhnliche Erscheinung nicht ganz für diese sanguinische Nation gemacht?

Unstät, unruhig, für alles Neue und Eclatante sofort bis zum Uebermaß begeistert: vor allen Dingen dem Feinen, Leichten und Zierlichen huldigend, mußte schon die Nachricht von diesen kleinen Wunderblumen in dem Zaubergarten der Musik, ... von diesem siebenjährigen Cla-

vier = und Orgel = Virtuosen und seiner allerliebsten, nicht
minder geschickten elfjährigen Schwester, die Franzosen
elektrisiren.

Hier handelte es sich ja nicht von einem Eindringen in
die Tiefen der Kunst; ... hier war ein Wunder zu sehen
und zu hören, und noch dazu ein allerliebstes, das schon die
deutschen Höfe, namentlich den damals befreundeten Kai=
serhof zu Wien entzückt hatte. Welch' eine Nahrung für
die Vergnügungs= und Zerstreuungssucht des übersättigten
französischen Adels, der leidenschaftlichen, genußsüchtigen
Pariser!

Grimm, selbst ein Musikfreund, war ganz glücklich;
er kam daher seinen Landsleuten, die ja noch dazu an ihn
empfohlen waren, auf die zuvorkommenste Weise entgegen,
und führte sie, wie sich von selbst versteht, vor allen Din=
gen bei der Dame seines Herzens, bei Fräulein von Es=
pinasse ein.

Nun aber entstand in den Kreisen der Encyklopä=
disten eine neue Rivalität ... und zwar zwischen der rei=
zenden Espinasse und der Gräfin Tessé, die die Kin=
der mit Liebe und Freundlichkeiten geradezu überschütteten.
Wolfgang ließ sich dies sehr gern gefallen und machte
förmlich — freilich nach der Art der Kinder — der Espi=
nasse den Hof, indem er ihr ganz unumwunden erklärte,
daß sie die schönste Dame sei, die er noch gesehen, und daß
er sie noch lieber als die kleine Erzherzogin von Oesterreich,
die lockenköpfige Maria Antoinette, habe. Es stand also
einer Verehelichung der schönen Französin mit Monsieur

Wolfgangerl durchaus nichts im Wege, als daß sie — wie unser kleiner Held sagte — noch zu schlecht deutsch spräche; und es war nun unendlich komisch, wenn er — sie auf ihr zukünftiges Glück vorbereitend — auf dem Sopha vor ihr stand und ihr Unterricht in der deutschen Sprache gab.

„Sag ... Hochachtung!" — rief Wolfgang, den Zeigefinger der rechten Hand empor gerichtet, wie man es macht, wenn man ein Schooßhündchen aufwarten läßt.

„Okaktunk!" — versetzte die Espinasse, indem sie sich mit aller Gewalt zwang das Lachen zu verbeißen.

„Ach was, Okaktunk!" — rief das Kind — „wie kann man denn nur Okaktunk sagen, es sind ja gar keine k in dem Wort. Gieb einmal Acht.... aber du mußt auch nicht lachen .... Hoch=acht=ung!"

„Ok=ak=tunk!" — wiederholte die hübsche Französin mit aller möglichen Anstrengung.

„Schrecklich!" — rief in köstlichem Pathos der Knabe, — „sie kann nicht „ch" sagen: Hochachtung!"

Aber das Okaktunk kam immer wieder.

„Nun so sag' Arzt!" — fuhr der kleine Lehrmeister fort.

„Arst!" — versetzte Fräulein von Espinasse.

Wolfgang schüttelte ungeduldig sein kleines olympi=sches Haupt; faßte aber dann das Schelmenköpfchen seiner bezaubernden Schülerin unter dem Kinn, wand es sich zu, daß Aug' in Auge schaute und wiederholte: „Arzt!"

„Arstt!" — stammelte mit hellem Lachen die Schöne; aber Wolfgang sprang unwillig von dem Sopha herab und rief:

„Sie lernt nichts! ich kann sie nicht brauchen.....
und sie ist doch so schön!" — —

Aber auch die haute volée stritt sich um das Ver=
gnügen, die Wunderkinder bei sich zu sehen und sie zu hören.
Vor allen Dingen standen der Mozart'schen Familie die
deutschen Barone von Hopfgarten und von Bose zur
Seite; dann die Herzöge von Chartres und von Dü=
rat, die Marquise Villeroi, Mylord Bedford —
der Paris mit Sterne ganz richtig dahin definirte: The
paradise of coquets — the Elysium of petits maitres
— the centre of frivolity!"*) aber dem ohngeachtet
unendlich gern in diesem Mittelpunkte der Frivolität
lebte; — ferner Fürst Gallizin u. s. w. An Huldi=
gungen aller Art fehlte es dabei nicht, und die Gräfin
von Eyck hatte sich ein Vergnügen daraus gemacht, den
Kindern ein besonderes Zimmerchen einzuräumen, in wel=
chem sie die hunderterlei Geschenke, die sie erhielten, auf=
stellten.

Und in der That, es war eine kleine allerliebste Aus=
stellung in deren Mitte Wolfgang und Nannerl mit
kindlicher Lust und dem Behagen schönsten Selbstbewußt=
seins oft schwelgten. O wie reich träumten sie sich dann
bei dem Anblicke dieser goldenen Tabatieren, Uhren, Zahn=
stocher = Etui, Ringe, Degenbänder, Bänder und Arm=
Maschen, Blumen, Spitzen u. s. w.

---

*) Das Paradies der Coquetten, das Elysium der Stutzer, der
Mittelpunkt der Frivolität.

Auch Baron von Bose hatte etwas hinzugelegt, was Wolfgang namentlich freute; nicht allein seines inneren Werthes wegen, sondern auch, weil er Bose, — der ein eben so freundlicher und leutseliger Mann, als tüchtiger Musikkenner war — liebte.

Es war ein schönes Buch, Gellerts Lieder, auf dessen erstem weißem Blatte stand:

„Nimm, kleiner siebenjähriger Orpheus, dies Buch aus der Hand deines Bruders und Freundes. Lies es oft — fühle seine göttlichen Gesänge und leihe ihnen (in diesen seligen Stunden der Empfindung) Deine unwiderstehlichen Harmonien, damit sie der fühllose Religionsverächter lese — und aufmerke — damit er sie höre — und niederfalle und Gott anbete.“

Friedrich Carl, Baron von Bose.*)

Das religiöse Gefühl des Deutschen, so ganz mit Vater Mozart's Ansichten Hand in Hand gehend, sprach hier beiläufig seine Indignation über die damals in der feinen pariser Welt herrschenden, durch den Hof und die Encyklopädisten vertretenen, frivolen religiösen Ansichten aus. Aber auch die Poesie entfaltete ihre Flügel; denn als Vater Mozart und Wolfgang eines Morgens aus ihrem Schlafzimmer traten, stand ein Franzose —, den Hut auf dem Kopfe, die Hände in den Taschen der Beinkleider —

---

*) Nissen: Biographie W. A. Mozart's S. 61.

mit dem Rücken an die Marmorbekleidung des Kamins
gelehnt und trillerte heiter:

>„La vie n'est qu'un voyage,
>Tâchons de l'embellir.
>Sémons sur le passage
>Les roses du plaisir!*)

Als er aber die Eintretenden bemerkte, gab er sich mit
ungemeiner Artigkeit und großem Selbstbewußtsein als
einen der berühmtesten Dichter Frankreichs zu erkennen,
und bat Wolfgang unter den feurigsten Versicherungen
seiner Hochachtung und Bewunderung, folgendes Gedicht
anzunehmen:

>Mortels chéris des Dieux et des Rois,
>Que l'harmonie a de puissance!
>Quand les sons modulès soupirent sous vos doigts,
>Que de Finesse et de Science!
>Pour Vous louer, on n'a que le silence.
>Avec quel sentiment le bois vibre et frémit!
>Un Corps muet devient sonore et sensible.
>A Vous, mortels heurux, est-il rien d'impossible!
>Tout jusqu'au tacte en Vous a de l'esprit. **)

Wolfgang lachte herzlich, als der Mann fort war;
weniger über das Gedicht, als über die enorme Artigkeit
des Mannes; denn — wenn sich der Knabe auch noch nicht
selbst geläufig in der französischen Sprache ausdrücken

---

*) Wohl eine Reis' ist nur das Leben,
Verschönern wir's zum Wohlgedeih'n:
Laßt auf dem Weg uns stets bestreben,
Die Rosen süßer Lust zu streuen!
**) Nissen: Biographie W. A. Mozart's. S. 59.

konnte, hatte er ihn doch recht wohl verstanden. Grimm
aber, der gerade dazu kam, sagte:

„Es ist in der That etwas ganz eigenthümliches mit
der Höflichkeit dieser Nation!"

„Mit dem einzigen Worte Monsieur und Madame
könnte man durch ganz Frankreich reisen und ganze Ge=
spräche führen. Man tritt in eine Loge und sagt mit einer
höflichen Verbeugung: Monsieur! Das Compliment wird
erwiedert mit einem nicht minder artigen: Monsieur! —
Man will sich durch eine Masse Menschen durchdrücken,
es bedarf nur des Wortes: Monsieur! begleitet mit einem
leisen Anstoß, und es wird mit einem ebenso freundlichen:
Monsieur! Platz gemacht. Da will es das Unglück, daß
man einem Nachbar auf den Fuß tritt; ein scharfes, dro=
hendes Monsieur! erschallt; aber ebenso schnell beruhigt
den Aufgebrachten auch unser sanftes, Verzeihung flehen=
des: Monsieur! wieder. Man wünscht die gedruckte Arie
der Oper, eine Handbewegung nach ihr und ein fragendes:
Monsieur? ist genug, Monsieur! entgegnet der Besitzer
und reicht sie uns artig. Freilich" — setzte Grimm hier
lächelnd hinzu — „kommt das Monsieur und Madame
dem Fremden oft auch so häufig, daß er wohl versucht
wird, es zu parodiren, wie es einst Condé bei dem Nar=
ren machte, der immer von Monsieur Papa und Madame
Mama sprach, indem er ausrief: Monsieur Jean dites
à Monsieur mon cocher de mettre Messieurs mes
chevaux à Madame ma voiture!"

Alle lachten, der Baron aber sagte zu dem Vice=Capell=

meister: „Laſſen wir indeſſen jetzt, mein Beſter, die franzö=
ſiſche Artigkeit und kommen wir lieber auf eine ihrer ſchön=
ſten Tugenden zu ſprechen: die Bereitwilligkeit alles Neue,
was ſchön und gut iſt, anzuerkennen.

„O, Herr Baron!" — rief Vater Mozart — „davon
haben wir ja die ſchlagendſten Beweiſe!"

„Das iſt alles bis jetzt noch nichts!" — entgegnete der
menſchenfreundliche Grimm. — „Es ſoll noch ganz an=
ders kommen." Und ein Papier das mit einem großen
Siegel verſehen war, aus der Taſche ziehend und es dem
Vice=Capellmeiſter hinreichend, ſetzte er ſtrahlenden Auges
hinzu:

„Hier, mein Lieber, die Erlaubniß des Herrn Lieutenant général de la police, Ihre Concerte au Théatre
de Mr. Félix, rue et porte St. Honoré geben zu dürfen."

Wolfgang und der Vater waren außer ſich vor
Freude:

„Endlich! endlich!" — rief der Vice=Capellmeiſter —
„wie ſehnlichſt haben ich und meine, durch die Reiſe jäm=
merlich zugerichtete Kaſſe, darauf gewartet!" — Aber Wolf=
gang hüpfte an Grimm hinauf, küßte ihn und rief:

„Himmliſcher Mann, laß Dich umarmen! Vivat! jetzt
kann ich wieder einmal öffentlich ſpielen, und zwar vor den
Pariſern!" — Und nach der Thüre laufend ſchrie er aus
vollem Halſe ganz ſelig in das Schlafzimmer der Mutter
und der Schweſter:

„Nannerl! Nannerl! wir ſpielen! Herr Grimm
hat's fertig gebracht, wir dürfen die Concerte geben!"

Und in seiner Wonne das Schoßhündchen ergreifend, daß die Frau Gräfin von Eyck der Schwester geschenkt, schloß er es wie ein kleines Kind in seine Arme und tanzte mit ihm wie besessen im Zimmer herum.

Grimm schaute diesen Ausbrüchen der Freude mit unbeschreiblichem Vergnügen zu, während der Vater halb lachend, halb schmollend den Sohn schalt, daß er doch ewig ein „Kindskopf" bleibe.

„Aber" — frug jetzt die Mutter, die unterdessen mit Nannerl hereingetreten war, nachdem sie den edlen Hausfreund begrüßt, — „wie haben Sie dies denn fertig gebracht."

„Ei!" — versetzte Grimm heiter — „wie man eben in Paris alles fertig bringt: durch schöne Frauen! Es war in der That nicht leicht, denn diese Erlaubniß läuft schnurgerade gegen die Privilegien der Oper, des Concert spirituel und der französischen und italienischen Theater. Da aber Monsieur Wolfgang einmal den schönsten Damen der Pariser Welt, Fräulein von Espinasse und der Gräfin Tessé, den Kopf verrückt hat, so setzte ich diese in Bewegung. Erstere stürmte nun so lange auf das Herz des Herrn Lieutenant général de la police, Letztere auf das des Königs, bis beide sich ergaben und als Friedensschluß die hier liegende Erlaubniß zum Vorschein kam!"

„O wie soll ich Ihnen danken!" — rief der Vice-Capellmeister — „Sie allein thun Alles für uns. Ich hatte Empfehlungsschreiben des französischen Botschafters in Wien und von dem Minister zu Brüssel, Grafen

Cobenzl, an den Prinzen Conté, an die Herzogin von Aiguillon, an die Marquise Durfourt und Andere, deren ich eine ganze Litaney herzählen könnte. Was habe ich von allen gehabt? .... nichts, als schöne Worte, leere Phrasen! Der einzige Grimm hat Alles gethan!"

„Nun, nun!" — versetzte Grimm freundlich — „erfordert dies nicht schon die Pflicht, die ich gegen Sie als Landsmann, als Deutscher, habe? und dann — wir sind alle eitle, selbstsüchtige Menschen — Sie sehen ja, wie ich als Protector der liebenswürdigen Familie Mozart glänze!"

„O!" — rief Wolfgang und stellte sich, das Schooßhündchen noch immer wie ein Kind im Arme haltend, gerade vor Grimm, — „er macht sich schlechter, als er ist. Ich weiß, er thut es .... nicht um zu glänzen .... sondern, weil er uns lieb hat."

„Da hast du recht!" — sagte Grimm und reichte dem Kleinen mit aufrichtiger Freundlichkeit die Hand. — „Die Tasche meiner Neuigkeiten ist indessen noch lange nicht ausgeleert. Also weiter."

„Da ich wußte, daß wir die Erlaubniß zu den Concerten erhalten würden, gab ich mir selbst gleich die Erlaubniß dafür Sorge zu tragen, daß meine Freunde auch Plätze erhalten würden. Ich legte deshalb Listen in unseren Bureaux d'esprit auf, und erhielt in zwei Abenden 320 Unterschriften, wofür hier 80 Louisd'or sind."

Das war ein Wort für unseren praktischen und ver-

sorglichen Vice = Capellmeister. Der Sonnenschein der
Freude lief über seine Züge, ein schmunzelndes, behagliches
Lächeln spielte um die Winkel seines Mundes, und schon
wollte er auf's Neue in den wärmsten Dank ausbrechen,
als Grimm mit beschwichtigenden Geberden rief:

„St! lieber Mozart, das Beste kommt nach. Die
Königin, die sonst fast niemals einen Wunsch gegen Mon=
sieur d'Hebert, Trésorier des menus plaisirs du Roi
ausspricht, hat sich wunderbarerweise sehr warm für Wolf=
gang verwendet. Sie will ihn und seine Schwester hören,
und so ist höchsten Orts beschlossen worden, daß — trotz
der Trauer für die Infantin — in diesen Tagen ein musi=
kalischer Abend in den Privatgemächern der Königin statt
finden soll.“

„Hurra!“ — rief Wolfgang und sprang hoch in die
Höhe — „die Dame von Choisy=le=Roi hat Wort gehal=
ten. Sie hat der Königin meinen Gruß gebracht und nun
will die mich hören.“

„Was ist das?“ — frug Grimm. Der Vater erzählte
ihm die Sache; worauf ersterer, augenscheinlich sehr an=
genehm überrascht, ausrief: „Ja so, nun verstehe ich
alles!“

„Aber wann soll ich denn vor der Königin spielen?“ —
frug jetzt Wolfgang. — „Ich bin sehr begierig sie zu
sehen!“

„Das eben wollen wir jetzt hören!“ — versetzte
Grimm. — „Denn ich bin gekommen, den Herrn Vice=
Capellmeister und die Kinder abzuholen, um mit ihnen zu

Monsieur d'Hebert zu fahren. Der Herr Trésorier des
menus plaisirs du Roi wird Ihnen dann Tag und Stunde
der Audienz anzeigen. Machen sie also Toilette, meine
Lieben, mein Wagen wartet unten." — Und nach einer
halben Stunde fuhren Grimm, der Vice=Capellmeister
und die Kinder zu dem Trésorier des menus plaisirs
du Roi!

Ein Abend am Hofe zu Versailles.

Die Gemächer der Königin in dem Residenzschlosse zu Versailles waren geöffnet. Sie bildeten eine Flucht von fünfzehn Zimmern, von welchen man in unseren Zeiten jedes einen Salon nennen würde. Jetzt erschimmerten sie in dem Lichtmeere von mehr denn 700 Tafelkerzen, die von zahllosen Kronleuchtern aus Bergchristall und schwer vergoldeten Girandolen herabflammten, und den Glanz und die Pracht all dieser Marmorkamine, dieser Vergoldungen, Stuckatur-Arbeiten und Gemälde, dieser Uhren, Vasen, Statuen und kostbaren Teppiche, in den riesigen Spiegeln wie durch Zauber in hundertfacher Vervielfältigung wiedergaben.

Und doch waren diese Privatgemächer der Königin noch schlicht zu nennen, gegen jene, welche die Marquise von Pompadour bewohnte, und die großen königlichen Säle und Appartements Ludwig XIV. und Ludwig XV.

Kannte man doch in jener Zeit kein fürstliches Schloß, das sich jenem von Versailles auch nur hätte vergleichen können! Versailles wird zuerst um das Jahr 1037 als ein unbedeutendes Dorf mit einer alten Ritterburg erwähnt. 1627 ließ Ludwig XIII. hier ein Jagdschloß anlegen, welches der Mittelpunkt der colossalen Anlagen geblieben ist, wodurch später Ludwig XIV. Versailles, nach Mansard's Plan, zu einem der merkwürdigsten Punkte für die Geschichte der europäischen Kunst und Politik erhoben hat.

Die ersten Anlagen, welche Ludwig XIV. machen ließ, beschränkten sich auf Erweiterung des Parkes und Verschönerung des Jagdschlosses. Bald aber gefiel sich der König hier so gut, daß er beschloß, sich jährlich mehrere Monate daselbst aufzuhalten und dies machte denn natürlich bedeutende Erweiterungen des Lustschlosses nöthig. Aber man ging mit Kraft und Energie daran, so daß der ungeheuere Neubau 1672 bereits schon so weit vorgerückt war, daß Ludwig XIV. im Februar dieses Jahres seine Residenz zu Versailles aufschlagen konnte. In Folge mehrerer Privilegien stieg nun aber auch die Zahl der Privatwohnungen in der Nähe des königlichen Schlosses bald so hoch, daß Ludwig, um der unbegränzten Baulust Gränzen zu setzen, 1713 jene Privilegien zurücknahm. Zu Ende der Regierung Ludwig XIV. zählte Versailles, welches bereits das Stadtrecht erhalten, schon gegen 100,000 Einwohner, und blieb seitdem bis zu den Octobertagen 1789, wo Ludwig XVI. gezwungen wurde, den Sitz seiner

Ahnen zu verlassen, königliche Residenz. Versailles
war von nun an der Typus einer Menge von Schlössern.
Obwohl die Einförmigkeit des Styles, in welchem es erbaut worden, bei der ungeheueren Ausdehnung des Ge-
bäudes — nur das Blei für seine Dächer kostete Zweiund-
dreißig Millionen Livres! — für den Blick etwas Ermü-
dendes hat, so trägt das ganze doch den Stempel der Majestät des Gedankens, der es hervorrief.

Dieselbe Größe herrscht aber auch in der Vertheilung
der inneren Räume. Hier verdienen noch jetzt gerechte
Bewunderung die Schloßpfarrkirche, Notre-Dame, die
Schloßkapelle, der Opernsaal, der Saal des Herkules, der
Saal des Mars, das Oeil de Beuf und vor allen Dingen
die Gallerie Lebrun, so genannt nach den dort von Lebrun
ausgeführten Gemälden. Sie nimmt, in Verbindung mit
den Sälen des Krieges und Friedens zu beiden Seiten, die
ganze Länge des Hauptgebäudes ein, und ist bei einer Tiefe
von 31 und einer Höhe von 40 Fuß, 217 Fuß lang.
Siebzehn ungeheuere Spiegel machen, ebensoviel mächtigen
Bogenfenstern gegenüber, einen herrlichen Effect.

Und alle diese Säle und Galerieen zieren Werke der
ersten französischen Maler, Bildhauer und Erzgießer, —
Werke eines Lebrun, Lemoine, Lafosse, Blanchard,
Jouvenet, Audran, Philipp von Champagne,
July, Marsy, Coysevor, Girardin, Regnaudin,
Couston, Keller, Aubry, Roger u. s. w.

Aber freilich kostete dieser königliche Riesenbau des
prachtliebenden Ludwig XIV. das arme, schon so tief

15*

verschuldete Frankreich auch ganz unermeßliche Summen,
die durch unglückliche Kriege und die rasenden Verschwen=
dungen des Hofes bis zu der unglaublichen Höhe von 4000
Millionen stiegen. Vergeblich setzten alle auf einander
folgenden Finanzminister: Machault, Moreau de
Sechelles, Moras, Boulogne, Silhouette u. s. w.
alle ihre Kräfte, ja ihr Leben daran, den sinkenden Staat
zu retten; ihre Bemühungen waren um so vergeblicher,
als eine Pompadour und Du Barry die Einnahmen des
Landes wie in rasendem Taumel vergeudeten und ver=
schleuderten.

So ward denn das furchbare Wort der Ersteren zum
Wahlspruch des Hofes und aller Welt, und bei dem tollsten
Leben und den sinnlosesten Verschwendungen hieß es:
Après nous le déluge! *)

Singend, schwelgend, jauchzend taumelte man an dem
gähnenden Abgrunde dahin, der bald genug Ludwig XVI.
und die arme unglückliche Maria Antoinette ver=
schlingen sollte.

Wer dachte aber jetzt, — wer dachte heute auch nur
an die Möglichkeit einer so unseligen Katastrophe?!
Wer hätte in den lichtstrahlenden, von Pracht strotzenden
Zimmern der Königin, in welchen sich eine von Brillanten
und Juwelen funkelnde Gesellschaft auf das heiterste be=
wegte, ahnen sollen, wie unterhöhlt dieser Boden sei!

---

*) Nach uns die Sündfluth! (Wenn wir nicht mehr da sind,
mag es geben, wie es will!)

Zwar gab die Hoftrauer um die Infantin der heutigen
Soirée äußerlich einen ernsteren Anstrich; aber ein einziger
Blick auf die Mienen der Anwesenden, ein kurzes Lauschen
auf die Conversation, die die verschiedenen Gruppen beschäftigte, bewiesen, daß hier von Ernst und Trauer nichts
herrsche . . . als die Farbe, nicht einmal ein Schein der
Wahrheit!

Von hohem Interesse war aber gerade die Art der
Gruppirung der sich im Haupt-Salon befindlichen Personen, die sich augenscheinlich wie funkelnde Christalle
um zwei Kerne ansetzten. Der König war noch nicht erschienen, da er spät von der Jagd zurückgekommen; wo-
gegen sich die Königin in Mitten ihrer Getreuen auf einem
prachtvollen Fauteuil niedergelassen. Aber wie klein war
das Häuflein, daß sie und die Prinzessinnen: Madame
Adelaide und Madame Victoire umgab; wie einfach
und bescheiden erschien die Königin selbst; mit welcher an-
spruchslosen von einer sichtlichen Schwermuth überschatteten
Grazie pflegte sie die Unterhaltung, die sich über Gegenstände der Kunst und Religion verbreitete.

Ganz anders stand es mit der zweiten Gruppe, die sich
— fast am andern Ende des Saales — um eine der Hofdamen der Königin, um die Marquise von Pompadour
gebildet hatte. Sie selbst gleichfalls einen Sessel einneh-
mend strahlte in einer Fülle von Brillanten, die auf den
Gewändern von schwarzem Sammt mit doppelter Pracht
funkelten und leuchteten. Dabei schmückte ihr Haupt ein
Diadem, das einer Krone nicht unähnlich sah. Es war

ein Geschenk des Königs und stellte ein Diamanten Bou-
quet vor, in dessen Mitte sich eine prachtvolle Rose befand,
die auf jeder Seite von sieben kleineren Rosen umgeben
wurde. Collier, Armbänder und Bruststück entsprachen
dem Diademe vollkommen und gaben der Marquise so sehr
das Ansehen einer Königin, daß die darin liegende Absicht-
lichkeit nur zu deutlich hervortrat. Dabei hatte sie einen
Hermelin über ihre Füße breiten lassen und überschaute
nun, nachlässig zurückgelegt, mit herablassenden Blicken
den sie in weiteren und engeren Kreisen umgebenden Hofstaat, unter welchem sich, außer den Herzögen von Choiseul, Goutaut, Aiguillon, Richelieu und La Valette,
der Abbé St. Cyr, der Chevalier von Montaigne,
der Graf und die Gräfin von Campan, die Prinzen von
Soubise und Guiche, sämmtliche Minister und fast alle
übrigen Herren und Damen des Hofes befanden.

Die Situation war in der That zu glänzend, — die
unersättliche Herrschsucht, den unbegränzten Hochmuth der
Marquise zu befriedigend, als daß ihre stolzen Blicke nicht
von Zeit zu Zeit triumphirend nach der Königin geflogen
wären. Aber die Tochter Stanislaus Leszinsky's
war zu sehr an ähnliche Demüthigungen gewöhnt, die
Kraft ihrer Seele schon zu lange gebrochen, als daß sie sich
emporrichten und dies Weib hätte niederschmettern können.
Auch der Sclave gewöhnt sich mit der Zeit an Schmach
und Fesseln und in Maria von Frankreich war
längst die Königin der religiösen Schwärmerin, der
Dulderin und Märtyrerin zum Opfer gefallen. Sie

war gut und fromm, aber geistig unbedeutend und
schwach.

Anders freilich stand es mit den Prinzessinnen. Beide
fühlten ihr königliches Blut bei solchen Auftritten empört
durch ihre Adern rollen, aber sie mußten sich eben dem
Herkommen und dem unbeugsamen Willen Ludwig XV.,
ihres Herrn und Königs, fügen.

Frau von Pompadour schien indessen heute sehr
aufgeräumt zu sein, denn sie beliebte mit den sie zunächst
umgebenden Herzögen von Choiseul und Aiguillon
und dem Prinzen von Soubise zu scherzen, die denn auch
mit der Bereitwilligkeit fein gebildeter Höflinge und der
Leichtigkeit ihrer Nation auf die Laune der Gebieterin ein=
gingen.

„Herr von Soubise,“ — sagte sie jetzt in leichtfer=
tiger Weise — „wissen Sie mir vielleicht zu sagen, warum
Choiseul heute ein solches Trappistengesicht macht?“

„O ja, meine Gnädigste!“ — entgegnete der alte vor=
nehme Wüstling, aus dessen glitzernden Augen die höchste
Frivolität, aus dessen faunenartigen Zügen die derbste
Sinnlichkeit leuchtete. — „Er machte es heute wie Mae=
nius einst am neuen Jahre im Capitol!“

„Und was that der?“

„Er rief mit zum Himmel erhobenen Händen: „Warum
bin ich nicht vierzigtausend Thaler schuldig!“ und als man
ihn frug: „Wie so?“ — antwortete er: „Ich würde hun=
dert Procent gewinnen, wenn mich Jupiter erhörte, denn
ich schulde achtzigtausend!“

Alle lachten, denn man wußte, daß Choiseul, der als unverbesserlicher Verschwender und Schuldenmacher bekannt war, wieder einmal steckte.

„Da hat die Geschichte mit dem Service also nicht viel geholfen?" — rief spöttelnd der Herzog von Aiguillon.

„Nein!" — versetzte in komischen Pathos Choiseul. — „Man schöpft kein Meer mit einer Nußschaale aus."

„Und darf man die Geschichte von dem Service hören?" — frug die Pompadour.

„Warum nicht!" — entgegnete Aiguillon heiter — „Sie ist eines Finanzministers wie Silhouette würdig."

„Nun denn!"

„Als der Herr Herzog vorige Woche auf der neuerrichteten Porzellanfabrik von Sevres war; um die Fortschritte dieses, von unserer hochverehrten Gönnerin so warm protegirten Industriezweiges zu inspiciren, fand er in einem der Säle die herumliegenden Scherben eines kostbaren Service, das durch Zufall verunglückt war. Ein Blick . . . und ein Gedanke! Choiseul läßt das werthlose Zeug in seinen Wagen und nach Hause bringen. Hier legt er am anderen Morgen mit höchst eigenen Händen, die sämmtlichen Scherben auf ein Tischchen an seiner Thüre. Keine zehn Minuten vergehen, ein ungestümer Mahner dringt ein, wirft den Tisch um . . . . und . . . . Choiseul und sein Gläubiger sind quitt!"

„Vortrefflich!" — rief die Pompadour laut lachend. — „Choiseul, Sie müssen die Finanzen übernehmen!"

„Um Gottes Willen!" — versetzte dieser — „ich habe
genug zu thun, um mit dem Vermögen meines Vaters
fertig zu werden."

„Darum heißt es," — trillerte Soubise —

> „Zwei Schelme müssen sein zu lang erspartem Gut:
> „Der eine, der's erwirbt, der andere, der's verthut?"

„Und," — setzte Aiguillon hinzu — „möge die Frau
Marquise nur die Rechnungsablage bedenken, die sollte
dann gut ausfallen."

Die Pompadour zuckte spöttelnd mit den Achseln
und sagte: — „Warum studirt man denn Geschichte. Pe=
rikles, in Verlegenheit, wie er dem Staate Rechnung ab=
lege, sprach mit Alcibiades darüber. Da sagte dieser:
Denken Ew. Excellenz vielmehr darauf, wie Sie
keine ablegen!"

„Herrlich!" — „Süperbe!" — riefen Soubise und
Aiguillon.

„Und, bei Gott!" — fügte Choiseul hinzu — „solcher
neuen Perikles hat die Welt jetzt, so viel als Staaten
sind."

„Nun!" — versetzte die Frau Marquise — „für was
ist denn das dumme Volk da. Die Regierungen stehen fest,
so lange der Witz auf ihrer Seite ist. Es gibt zwei Klassen
von Dieben, solche die gehangen werden, und solche die
es nicht werden! Alle Perikles gehören zu der letzten!"
— rief sie dann lachend — „und Choiseul auch!"

„Choiseul, wißt Ihr was?" — rief jetzt Soubise

— „Ihr müßt Euch unsterblich machen und ein Werk schreiben."

„Vielleicht über die Ronés?" — frug dieser — „dann würde mir seine Hoheit, der Prinz von Soubise, den trefflichsten Stoff liefern."

„Nein, nein!" — sagte Soubise und that als ob er nachsinne. — „Es könnte vielleicht den Titel tragen: Liart de faire des dettes et de promener les creanciers, par un homme comme il faut!"*)

„Warum nicht!" — entgegnete Choiseul heiter. — „Der erste Grundsatz, den ich darin aufstellen würde, und den sich unser Finanzminister hinter die Ohren schreiben soll, wäre: Alte Schulden zahlen wir nicht und neue lassen wir alt werden!"

„Unübertrefflich!" — rief Soubise. — „Ich erlebe, daß es der edle Herzog bei diesen Grundsätzen, trotz seiner Schulden, noch zu einigen Millionen bringt."

„Immer besser als der junge Graf von Brancas!" — versetzte Choiseul. — „Als dieser sah, daß er sich nicht mehr halten konnte, rief er seine Gläubiger zusammen, um sie zu befriedigen, ging aber die Nacht zuvor mit Sack und Pack zum Teufel. Die Gläubiger aber lasen an den leeren Wänden:

---

*) Die Kunst Schulden zu machen und die Gläubiger an der Nase herumzuführen. Von einem Mann nach der Mode.

„Créanciers! maudite canaille!
Commissaires, huissiers et recors,
Vous aurez bien le diable au corps,
Si vous emportez la muraille!" *)

„O Choiseul! Choiseul!" — rief hier die Marquise, — „Ihr seid noch schlechter und noch boshafter als Sou= bise, und das will viel heißen! Was hat Euch der arme Graf Brancas gethan, daß Ihr ihn so grausam mit= nehmt?"

„Meine Gnädige! ...."

„Kein Wort," — sagte lachend die Pompadour, — „ich selbst übernehme es, Brancas an Euch zu rächen. Aiguillon?" — frug sie dann, diesem zugewandt, — „Habt Ihr Bleifeder und Papier?"

Der Herzog bejahte.

„Nun denn," — fuhr sie fort, — „so schreibt die Grab= schrift auf, die ich eben für Choiseul gemacht."

„Die Grabschrift?" — rief der Herzog=Minister mit komischem Ernst.

„Ja!" — entgegnete die Marquise heiter, — „und Aiguillon haftet mir dafür, daß sie dem Herrn Herzog gesetzt wird."

„Göttlich!" — rief Prinz Soubise, — „und wie lautet sie?"

---

*) Ihr Gläubiger, verdammter Pöbelschwall,
Ihr Commissäre, Häscher vom Gericht,
Habt ihr im Leibe selbst den Teufel all:
Fort bringt ihr doch die kahlen Mauern nicht.

Und die Marquise dictirte mit boshaftem Lächeln und
so lauter Stimme, daß es selbst die Entfernteren hören
konnten:

> „Ci gît Choiseul d'emprunteuse mémoire,
> Qui toujours emprunta et jamais ne rendit.
> Seigneur! s'il est dans votre gloire,
> Ce n'est peut être qu'à crédit.“*)

Der Witz war zu treffend, um nicht die allgemeinste
Heiterkeit zu erregen, und so entstand ein solches Lachen,
daß selbst die Königin über diese unerhörte Aufführung in
ihren Appartements erblaßte. Madame Adelaide aber,
die älteste der Prinzessinnen, wollte eben ihrer Indignation
in scharfen Worten Luft machen, als sich die Flügelthüren
öffneten, und der Ruf: „Seine Majestät der König!“ eine
allgemeine Stille hervorbrachte.

Die Königin, die Prinzessinnen und Frau von Pompadour, — die einzigen, die bis jetzt gesessen hatten, —
erhoben sich, während alle Anderen sich tief bückten und
verneigten. Ludwig XV. aber grüßte mit einem leichten
Kopfnicken, und schritt, den Vorschriften der Etiquette zu-
folge, auf seine Gemahlin zu, mit der er sich, dem Her-

---

*) Thatsache. Der obige Spottvers der Pompadour
> „Choiseul, der Borger unf'rer Zeithistorie,
> Der stets zum Borgen, nie zum Zahlen rieth,
> Liegt hier; nimmt Gott in seine Glorie
> Ihn auf, geschieht es wohl nur auf Credit!“
ward auf Choiseuls, diesem verschwenderischsten aller Minister, Grab
gesetzt.

kommen nach, nun eine Viertelstunde zu unterhalten hatte, worauf er bei solchen Gelegenheiten gewöhnlich den Anwesenden das Zeichen zu geben pflegte, daß ein vollständig freies Bewegen einzutreten habe.

Diese Viertelstunde war, wie natürlich, für den ganzen Hof, der während derselben stehend und ohne zu sprechen verharren mußte, höchst peinlich; der stolzen Marquise von Pompadour aber schien sie heute auch demüthigend zu sein, denn sie bemerkte wohl, wie Madame Adelaide von Frankreich, welche an dem Gespräch mit dem Könige geflissentlich laut Theil nahm, jetzt ihre triumphirenden, die tiefste Verachtung sprühenden Blicke, nach ihr sandte, — sie gleichsam ihre untergeordnete Stellung fühlen lassend.

Wie hätte sich dies die stolze, herrschsüchtige Frau, in deren Händen das Schicksal von ganz Frankreich ruhte, gefallen lassen können?

Eine flammende Röthe überflog ihre Züge und allem Zwang der Etiquette zum Trotz, wandte sie sich daher zu dem ihr zunächst stehenden Prinzen von Soubise und sagte zu diesem:

„Prinz, Sie sind heute langweiliger denn je!"

Soubise und der ganze Hof erbebte; denn Jedermann wußte, wie streng der König in solchen Dingen auf das übliche Herkommen hielt. Auch Madame Adelaide schaute hoch auf; sei es aber, daß es der König wirklich nicht hörte, oder aber — seiner stolzen Geliebten gegenüber — nicht den Muth hatte zu hören . . . . kurz er sprach ruhig fort, und nun war die Reihe an Madame Adelaide, zu erbleichen, während Frau von Pompadour wie ein guter Feldherr den augenblicklichen Sieg benutzte, und mit der größten Ungezwungenheit mit dem Prinzen weiter sprach.

„Geschwind!" — sagte sie, — „unterhalten Sie mich in dieser langweiligen Viertelstunde ein wenig. Wie ich schon von den kleinen Soupers her weiß, sind Sie unerschöpflich in Anekdoten aus Ihrem sündenreichen Leben. Erzählen Sie mir eine."

„Aber . . . ." stotterte der sonst gewiß nicht blöde Soubise verlegen — „bedenken Sie, Gnädigste, die Stunde und den Ort!"

„O!" — entgegnete Frau von Pompadour höhnisch und bog stolz ihr Haupt zurück, so daß das prachtvolle Diadem, welches sie trug, in allen Farben des Regenbogens blitzte und funkelte. — „Wenn die Marquise von Pompadour Sie darum bittet, werden Sie es ihr gewiß nicht abschlagen."

Aber der Prinz hatte sich auch schon von seiner ersten Ueberraschung erholt. Die Frau, mit der er sprach, war zwar nur des Königs Maitresse, aber . . . . sie war auch die allmächtige Herrscherin in Frankreich. Was bedurfte es mehr! Ein Wort von ihr machte ihn für jede Kühnheit unverantwortlich; . . . aber . . . . ein Wort von ihr, konnte ihn auch von dem Hofe von Versailles verbannen, und das wäre für einen Lebemann wie Soubise mehr als ein Todesurtheil gewesen.

Rasch und mit der Geschmeidigkeit eines rutinirten

Höflings verneigte er sich daher gegen seine Nachbarin und sagte:

„Ein so schöner Mund, wie der Ihre, darf nur befehlen und Soubise wird jedem Ihrer Wünsche entsprechen."

„Nun denn!" — versetzte Frau von Pompadour, — „so befehle ich, daß Sie nicht langweilig sind!"

„Also eine Anekdote?"

„Ja, und eine unterhaltende, im Geschmack unserer kleinen Soupers!"

„Schön! Von Ludwig XIV.?"

„Wie Sie wollen, nur unterhaltend und nicht erlogen!"

„Wahr, unterhaltend und verliebt?"

„Vortrefflich!"

„Also! Ludwig XIV. begnügte sich — wie Sie, meine Gnädige, wohl wissen, nicht damit, den Herzog von Lauzun zu den höchsten Staatswürden zu erheben, sondern er vertraute ihm auch seine geheimsten Neigungen und verwickelte ihn selbst in seine galanten Abenteuer. Folgendes erzählte mir nun der Herzog lange Zeit nach seiner Rückkunft von Pignerol."

„Die Gräfin von Saisons, welche von Fräulein von Lavallière verdrängt worden war, suchte immer nach einer Gelegenheit, der neuen Geliebten des Königs zu schaden. Sie gab daher dem Fräulein von Houdancourt, einer Ehrendame der Königin von bemerkenswerther Schönheit, zu verstehen, daß es nur einiger Winke ihrerseits bedürfe, um die Aufmerksamkeit des Königs auf sich zu ziehen."

„In der That, der König, dessen edles Herz ewig von

jener Liebespein gequält wurde, die für Menschen höherer
Organisation allein das Glück des Lebens ausmacht, säumte
nicht, dem Entgegenkommen der hübschen Dame zu entsprechen. Nun hatte bekannterweise der König im Louvre
von jeher ungehinderten Zutritt zu den Gemächern der
Ehrendamen. Er wollte sich daher auch jetzt dahin begeben,
wie er es vor seiner Vermählung gethan hatte; aber der
Eintritt war jetzt allen Männern durch die strenge Herzogin von Noailles untersagt."

"Sehen Sie nur, Prinz," — unterbrach hier die Marquise den Erzähler und ein höhnisches Feuer erglänzte in
ihrem Auge, — "wie Madame Adelaide vor Zorn und
Wuth über unser Gespräch zittert."

"Bei Gott!" — versetzte Soubise, — "sie wird abwechselnd bleich und roth!"

"Sie hat es verdient!" — sagte Frau von Pom-
pour mit Härte — "aber fahren Sie fort Prinz, Sie erzählen allerliebst."

Der Prinz biß sich auf die Lippen, denn er fühlte recht
gut, welche Rolle er hier spielte: allein was war zu thun?
Er fuhr also, die beste Laune affectirend, fort:

"Ludwig schwur und wetterte; sein Toben war umsonst; er mußte sich dem Verbote fügen und auf andere
Mittel sinnen."

"Ueber die Soubise nicht in Verlegenheit gekommen
wäre!" — rief leichtfertig lächelnd die Marquise.

"Allerdings nicht!" — versetzte der Prinz — "aber
auch Ludwig wußte Auswege. Er versammelte seinen

galanten großen Rath, der aus Lauzun, Guiche, Bardes und seinem schlauen Kammerdiener Bontems bestand, und die Hülfe war bald gefunden. Lauzun kannte die Localitäten genau; er war mit den Zugängen zu den Zimmern der Ehrendamen sehr vertraut und erklärte daher, daß für den Augenblick der einzig mögliche Weg dahin über die Dachrinne und durch den Kamin führe."

„Ein schöner Weg für einen König!" — sagte lachend die Marquise, ohne jedoch ihre Blicke von Madame zu wenden.

„Jeder Weg ist schön!" — versetzte der Prinz, und seine Augen leuchteten in lascivem Feuer auf, — „wenn er zur Eroberung eines geliebten Herzens führt! Der König gestand indessen doch, daß er sich auf diesem für ihn ganz neuen Schauplatz galanter Abenteuer etwas linkisch benehmen dürfte; aber er war doch bereit, den Weg zu betreten. Mitternacht wurde zum Rendezvous bestimmt. Die zu besuchenden Schönheiten hiervon erst zu benachrichtigen, hielt man jedoch für Zeitverschwendung, denn diese Damen waren zu geistvoll, als daß sie sich durch eine derartige Ueberraschung hätten verwirren lassen. Zur bestimmten Stunde also trat der galante große Rath seine abenteuerliche Fahrt über das Dach durch ein Mansardenfensterchen an. Der Weg den sie zu machen hatten, war weder breit noch sicher, dennoch wurde er glücklich überwunden.

Ludwig XIV., glorreichen Angedenkens stieg durch den Schornstein und Kamin nach Lauzun hinab. Ihre Herzen schlugen hörbar; — jede Staffel der Strickleiter, die sie hinabkamen, schien ihnen eine an der Himmelsleiter hinauf, da . . . ." aber der Prinz Soubise unterbrach sich hier plötzlich mit den Worten: „Majestät scheint sein Gespräch vollendet zu haben . . . . ."

„Das Ende, Prinz, — das Ende Ihrer Erzählung!" — rief die Marquise, der es gerade darum zu thun war, daß sie der König in Unterhaltung finde.

„Nun! . . . . der Teufel hatte sein Spiel!" — fuhr Soubise fort — „die alte Herzogin von Noailles hatte Tags zuvor, Fräulein von Houdancourt ausquartiert und selbst diese Zimmer bezogen. Sie schrie aus Leibeskräften: der Böse sei da! der Böse wolle sie holen und so hatten der König und Lauzun kaum Zeit ihren Rückzug im Sturmschritt anzutreten."

„Der König!" — wiederholte der Prinz erblassend — „er schreitet auf Sie zu!"

„Weiter!" — befahl die Marquise heftig.

„Nun! die böse Welt flüsterte sich, als die Sache ruchbar geworden, zu, Ludwig habe für seinen Muth und sein Unglück doch noch den ersehnten Lohn gefunden!"

„Ei, sieh da!" — sagte jetzt der König herantretend in scharfem Tone — „die Frau Marquise scheinen sich sehr angenehm mit dem Herrn Prinzen von Soubise zu unterhalten?"

„Das Wappen der Langenweile ist ein aufgesperrter Kinnbacken. Wer wollte die Kühnheit haben es neben die Lilien Frankreichs aufzupflanzen?" — versetzte Frau von

Pompadour heiter und mit dem vollen Zauber ihrer seelenvollen Stimme, während ihre tiefen, schönen Augen dem Könige einen Blick zuwarfen, der ihn im Innersten vor Lust erbeben machte.

Der König lächelte. Er lächelte über den Witz seiner Geliebten und über das, was ihm ihre Augen sagten, und das ihm nichts weniger als Langeweile versprach, die er in den Tod haßte.

„Freilich!" — versetzte er daher, und seine kleine Aufwallung über die Verletzung der ihm sonst so heiligen Etiquette war schon wieder vergessen, — „freilich! es giebt nichts langweiligeres, als die Langeweile, diese Krankheit der Seele, diese Geisel der Menschheit....."

„Und" — fiel Frau von Pompadour ein — „diese Tochter des Hergebrachten und Veralteten! Sire, ein König von so viel Geist, wie Ludwig XV., wird uns den Rosenkranz der Anstandsziererei nicht bis zum letzten Kügelchen abbeten lassen!"

„Nein!" — versetzte der König geschmeichelt — „so grausam wollen Wir nicht sein. Wir wissen: das Leben ist eine Quarantaine für das Paradies! — und" — setzte er leiser hinzu — „Wir müssen Uns daher mit denjenigen halten, die Uns, von dieser Quarantaine aus, zeitweise Blicke in dasselbe gestatten. — Was meinen Sie Prinz?"

Soubise verneigte sich ehrfurchtsvoll; dann aber sagte er mit dem ihm eigenen Faunenlächeln:

„Aspettar e non venire,
Star in letto e non dormire.
Ben servir e non gradire,
Son trè cose a far morire!"*)

„Er ist unverbesserlich!" — sagte der König lächelnd,
indem er dem Prinzen mit dem Finger drohte — „aber die
Appartements der Königin sind kein Choisy=le=Roi!"

Und dies sagend gab seine Majestät das Zeichen, daß
das große Ceremoniell aufhöre und die Abendunterhaltung
beginnen könne.

Sofort gab sich denn auch eine allgemeine Bewegung
kund. Man ging hierhin und dorthin; die zum Spiel der
Majestäten Befohlenen nahmen unter tiefen Verneigungen
ihre Ehrenplätze ein; andere Parthien arangirten sich um
Madame Adelaide und Madame Victoire, so wie
um die Marquise von Pompadour, die sich mit dem
Prinzen Soubise, der Gräfin von Campan und
dem Herzog von Choiseul niedersetzte. Zugleich trugen
mehrere Diener ein prachtvolles, fast ganz vergoldetes
Clavier, das ungemein künstlich gearbeitet, lackirt und ge=
malt war, in den Salon der Königin, während andere die
Flügelthüren öffneten, die zu den Vorzimmern führten, in
welchen sich die Künstler befanden, die den heutigen Abend
durch ihre Talente verschönern sollten.

---

*) Erwarten, ohne daß man das Erwartete erblickt,
Im Bette liegen, ohne daß der Schlaf uns glückt,
Gar redlich dienen, ohne daß man vorwärts rückt,
Ist solch' ein Uebel, daß es mehr als Tod uns drückt.

„Wir werden also heute einen ganz besonderen Genuß haben!" — sagte jetzt mit einem Ausdruck kalter gezwungener Höflichkeit der König, der mit Madame Adelaide an einem Spieltische unweit dem der Königin saß — „einen Genuß, den wir zumeist Ihrer Majestät verdanken."

„Ja, Sire!" — entgegnete die Königin mit einem ceremoniellen verbindlichen Lächeln, das aber den schmerzlichen Ausdruck ihrer Züge nur noch peinlicher machte: — „Wir haben uns der Hoffnung hingegeben, Unserem königlichen Gemahle eine unterhaltende Stunde bieten zu können, wenn Wir die deutschen Wunderkinder, die beiden kleinen Mozarts, die sich jetzt in Paris befinden, mit ihrem Vater, hierher befahlen."

„Wir haben von denselben gehört;" — versetzte der König, seine Karten ordnend; — „Prinz Conti erzählte uns Unglaubliches von ihnen. Lassen Sie dieselben eintreten."

Sofort begab sich Monsieur Hebert, Trésorier des menus plaisirs du Roi an die Thüre des Vorzimmers und winkte dem Vice-Capellmeister, der denn auch, begleitet von seinen Kindern, mit der ihm eigenen bescheidenen und doch würdevollen Weise eintrat. Kaum aber hatte Wolfgang, nach der ersten ceremoniellen Verbeugung, die Königin erblickt, als er in ein freudiges „Ah!" ausbrach und zum Staunen des ganzen Hofes mit freudestrahlendem Angesicht auf die Fürstin zueilte. Diese aber streckte dem freundlichen Knaben die Hände wohlwollend entgegen und sagte:

„Nicht wahr, mein Kleiner, ich habe Wort gehalten, und dich der Königin empfohlen!"

„Ja!" — entgegnete Wolfgang, — „Wort hast Du gehalten und, ich danke Dir dafür; aber wo ist denn die Königin?"

„Wo sie ist?" — wiederholte Marie von Frankreich mit einem schmerzlichen Ausdrucke, indem sie dem Kinde mit ihrer kleinen, hübschen Hand liebkosend über die Stirne fuhr, — „ich bin es selbst!"

„Was? wie?" — rief hier überrascht der Knabe — „Du selbst .... bist die Königin von Frankreich?"

„Ja!"

„O wie freundlich und gut du bist!" — sagte Wolfgang entzückt, — „jetzt hab' ich dich noch einmal so lieb!"

„Und dies" — setzte die Königin hinzu und wandte den kleinen Mozart mit dem kindlichen, offenen und ehrlichen Gesichte Ludwig XV. zu — „Dies ist Seine Majestät."

Der kleine Wolfgang verbeugte sich bei diesen Worten der hohen Frau mit soviel Anstand und Leichtigkeit, daß es einem kleinen französischen Prinzen Ehre gemacht hätte, und der König wohlgefällig lächelte; worauf er sich — da er kein Deutsch verstand — von seiner Gemahlin erklären ließ, auf welche Weise sie zu dieser Bekanntschaft gekommen sei.

Auch Nannerl und der Vater mußten nun näher treten, um den höchsten Herrschaften vorgestellt zu werden, wobei sich besonders Madame Victoire de France, die zweite der Prinzessinnen, mit großer Herzlichkeit Wolf=

gang's annahm. Aber der Knabe war auch um so ent=
zückter von ihr, als er schon nach kurzem in deutscher
Sprache geführtem Zwiegespräche, ihre große Vertrautheit
mit und ihre begeisterte Verehrung für die Musik erkannte.
Außerdem war sie ja auch eine Freundin der Gräfin Tessé,
die jetzt hinter ihrem Sessel stand, und die dem Knaben
schon viel Gutes und Schönes von dieser Prinzessin er=
zählt hatte.

„Hé bien!" — sagte jetzt der König — „Wir sind
begierig Unsere kleinen Künstler nun zu hören!"

Diese Worte waren Befehl. Beide Kinder setzten sich
daher an das Clavier, um durch Vortrag einer vierhändi=
gen, sehr brillanten und schwierigen Piece ihr kleines Con=
cert zu beginnen.

Das Spiel der Majestäten ging indessen ungestört fort.

Im Anfang achtete vom Hofe außer der Königin,
Madame Victoire und der Gräfin Tessé, Niemand
besonders auf sie. So herrlich der Vortrag der Kinder auch
war, man hatte Aehnliches schon gehört; und wie man in
jenen höchsten Sphären der menschlichen Gesellschaft in
allen Genüssen zu übersättigt zu sein pflegt, langweilt selbst
das Vortreffliche; während man in der Zerstreutheit ver=
gaß, daß Kinder vom zartesten Alter und nicht erwachsene
Künstler, die ihr ganzes Leben an die Ueberwindung der
größten technischen Schwierigkeiten gesetzt, hier spielten.

Es war daher auch nur Madame Victoire, die am
Schlusse der Piece mit feurigen Worten ihren Beifall kund
gab. Die Königin nickte zwar auch wohlgefällig, aber die

Gleichgültigkeit ihres Gatten, schnürte ihr die Brust zu. Sie vermochte kein Wort hervorzubringen. Nannerl standen die Thränen in den Augen und der kleine Wolfgang war über diese Kälte so indignirt, daß er das Notenheft höchst unsanft zuschlug, und — zum Vater tretend — sagte:

„Komm, Papa, gehen wir, die verstehen nichts von Musik!"

In der That hatte denn auch der Vice=Capellmeister die größte Mühe den beleidigten Künstlerstolz des kleinen Maestro zu beschwichtigen. Aber er griff auch diesmal, als kluger: verständiger Mann, nicht fehl.

„Wenn du willst, Wolfgangerl," — sagte er daher leise nach mehreren vergeblichen Versuchen der Beruhigung — „so ziehen wir uns zurück; aber was wird die Welt sagen, wenn sie hört: in Versailles sind die Mozarts, von welchen so viel Geschrei gemacht wird, so gut als durchgefallen. Sie trugen nur eine einzige Piece vor und diese ließ kalt. Wenn ich an deiner Stelle wäre, zwänge ich den König und den ganzen Hof durch ein doppelt schönes Spiel zur Anerkennung."

In Wolfgangerl's Augen blitzte es auf, wie mit Sonnengluth. Es überlief ihn heiß. Sein Gesicht glühte; er fühlte so etwas in sich, wie ein Feldherr, der ein kleines Scharmützel verloren hat und nun bereit ist, die unbedeutende Scharte durch einen gewaltigen Sieg auszuwetzen.

„Du hast recht, Papa!" — sagte er dann, und ohne

ein Wort weiter zu verlieren, ging er auf den König zu, verneigte sich leicht und sagte:

„Wollen Majestät mir ein Thema angeben, über welches ich phantasiren soll?" —

Ludwig blickte bei dem Klang der Kinderstimme erstaunt von den Karten auf. Er hatte in der That vergessen, was um ihn hervorging.

„Ja so!" — sagte er — „die Kinder. Was will der Kleine?"

Madame Adelaide übersetzte ihm Wolfgangs Frage.

„Schön!" — erwiederte der König, dem die Keckheit des Knaben gefiel, und er gab ihm ein Thema aus einer damals sehr beliebten Oper Lully's.

Wolfgang verneigte sich abermals ganz chevaleresque, aber mit höchst ernsten Mienen, und setzte sich sofort an das Instrument.

Jetzt blickte Ludwig XV. schon aus Neugierde dem kleinen Trotzkopf nach, und spielte er auch weiter, so hörte er doch auch. Aber es dauerte gar nicht lange, da kam ein zeitweises Stocken in das Spiel der Majestäten und Prinzessinnen, ja mit einemmale warf der König seine Karten hin und stand ganz erstaunt auf.

Der Hof folgte natürlich, und Wolfgang, der es bemerkte, fühlte, wie es ihm wie glühende Lava durch die Adern rollte, — wie ein Strahl der Begeisterung durch Herz und Kopf zuckte.

Aber . . . . welch ein Spiel war dies auch? War dies

wirklich ein Kind von sieben Jahren, daß diese Töne dem Instrument entlockte? das, phantasirend, diese neuen musikalischen Gedanken schuf? Diese Harmonien wach rief?

Der König strich sich mehr wie einmal mit der Hand über Augen und Stirne, als wollte er sich überzeugen, daß das, was er hörte und sah, weder Traum noch Zauberei sei. Der Königin Augen feuchteten sich und Madame Victoire, selbst eine Virtuosin auf dem Claviere, hatte Mühe ihr unbegränztes Staunen und Entzücken nicht laut werden zu lassen. Alle diese Menschen aber, einen Soubise, eine Pompadour einbegriffen — fühlten sich seltsam berührt. Es geschah ihnen etwas ganz Ungewohntes: die unsichtbare Macht des Edlen, Großen und Schönen ergriff sie, und hob sie hoch über den Staub der Trivialität. Sie fühlten sich — für Minuten — andere, bessere Menschen.

Wie wunderbar ist doch das innerste Wesen der Musik, wie wenig vermag doch der Mensch ihre tiefen Geheimnisse zu ergründen! Wie ein stilles göttliches Wehen durchzieht sie seine Brust; aber dies stille Wehen wird zur allgewaltigen Macht, die von seinem Innern Besitz nimmt und es mit einem so seligen verklärten Leben erfüllt, daß seines Geistes Schwingen ihn hoch emportragen über die Erde und das armselige Leben mit all seiner niederdrückenden Qual! Dann wächst der Mensch, gleichsam wie ein geistiger Riese — wie ein Titane — empor; göttliche Kraft durchdringt ihn, und sich unbewußt ganz hingebend an das ewige, göttliche, das Weltall erfüllende Sein, vernimmt und versteht er die Sprache der Schöpfung, ja, der Gott-

heit, und ruft — selbst Schöpfer werdend — Welten aus
seinem Inneren hervor; — Welten voll zauberhaften,
himmlischen Lebens, die Jeden, der sie zu schauen vermag,
mit unendlichem, unnennbarem Entzücken erfüllen!

So auch war es hier — wenigstens auf Momente — in
diesen Sphären der derbsten Frivolität, des unbeschreib-
lichsten Leichtsinnes, der tiefsten Verdorbenheit. Es war,
als ob ein milder Lufthauch die zaubrisch-süßen Blüthen-
düfte von den Gestaden einer besseren, edleren Welt her-
übertrüge in dies Sodom und Gomorra der Civilisation.
Auf Augenblicke sog Jedes mit tiefen Zügen den Balsam-
hauch des verlorenen Paradieses ein; — sog ihn ein: leicht,
froh, gehoben, . . . vergessend, daß dies Eden längst für
es verschlossen — verschlossen und bewacht durch den Cherub
seines eingenen Gewissens — vertheidigt mit dem flammenden Schwerte des Schuldbewußtseins!

Wolfgang hatte geendet. Ein lautes „Bravo!" des
Königs gab das Signal zu einem — am Hofe zu Versailles
seltenen — Beifallssturme. Madame Victoire aber, die
Lieblingstochter Ludwig XV., eilte zu dem jungen, kindlichen Künstler hin, ihn auf das Innigste liebkosend und
mit Küssen überdeckend.

Der König hatte sich unterdessen, sein Erstaunen aus-
zudrücken, Frau von Pompadour genähert, und, da
auch sie wünschte, den Wunderknaben näher zu sehen, gab
er ein Zeichen, ihn herbeizuführen. Monsieur Hebert,
Trésorier des menus plaisirs du Roi, der bei solchen
Gelegenheiten den Dienst eines Ceremonienmeisters

versah, führte Wolfgang denn auch sofort zu der Marquise.

„Ein kleines Männchen," — sagte sie spöttelnd — „aber doch ein großes Genie! Stellen sie ihn vor mich auf den Tisch!"

Man that es, und da sie ihn nun — vor ihm stehend — gnädig anlächelte, neigte sich Wolfgang gegen sie hinüber, um sie, wie er es gewohnt war, zu küssen.

Aber Feuer und Flammen stiegen ihm in's Gesicht, als sich bei dieser Bewegung die stolze Frau zurückbog und ihn abwehrte, und unwillig rief er:

„Ei! wer ist denn die da, daß sie mich nicht küssen will? Hat mich doch die Kaiserin geküßt!"*)

Glücklicherweise waren diese unvorsichtigen Worte des Kindes in deutscher Sprache herausgestoßen, und somit von Niemand, als den Seinen — die vor Entsetzen in die Erde zu sinken glaubten — und von der ferne stehenden Prinzessin Victoire — die sich köstlich darüber amüsirte — verstanden worden. Da indessen nun die Schleusen der Bewunderung aufgezogen und selbst der König warm geworden war, mußte Wolfgang von neuem Proben seines glänzenden Talentes, abwechselnd mit seiner Schwester, oder auch mit dieser zusammen, ablegen. Hatte aber bis dahin die Verständigen die brillante Manier und die Tiefe seines Spieles, sowie die Fülle entzückender Ideen und die

---

*) Thatsache. Nissen: S. 49. Oulibicheff: I. Thl. S. 20. Jahn: I. Thl. S. 48.

Kenntniß der Harmonie und der Modulationen, die der
Genius dieses Kindes verrieth, entzückt, so riß nun die
Masse das schon in Wien versuchte Kunststück, auch bei
einer, mit einer Serviette verdeckten Claviatur vortrefflich
und mit derselben Schnelligkeit und Präcision zu spielen,
wie bei unbedeckter, zur größten Begeisterung hin.

Die gewöhnlichen, alltäglichen Menschen, sie mögen
nun den höheren oder den niederen Sphären der Gesell=
schaft angehören, ziehen ja immer unterhaltende Kunst=
stückchen der wahren Kunst, die ein tieferes Verständniß
verlangt, vor. Nun gar Franzosen und Höflinge, die ohne=
dem gewöhnt sind, nur den Champagnerschaum des Lebens
zu kosten!

Als daher Wolfgang dies Kunststück mehreremale
mit seinen allerliebsten kleinen Händchen — die kaum fähig
waren eine Sexte zu greifen — gemacht hatte, war Alles
vor Bewunderung außer sich. Aber gerade das ärgerte
den kleinen Künstler, so daß er sich darüber ganz unum=
wunden gegen Madame Victoire, die sein ganzes Ver=
trauen gewonnen, aussprach.

„Sie verstehen Alle nichts von Musik!" — sagte er
in komischem Pathos — „nur Du verstehst etwas davon
und darum will ich es auch nur mit Dir zu thun haben.
Gib mir eine Aufgabe!"

„Aber welche?" — frug die Prinzessin.

„Geben Sie ihm einen Menuet," — fiel hier die
Gräfin Tessé ein, — „und lassen Sie ihn den Baß
unterlegen."

„Gut!" — versetzte Madame — „Monsieur Le Grand, wollen Sie dem Kleinen einen Menuet aufsetzen, damit er den Baß dazu schreibe!"

Monsieur Le Grand, der Musiklehrer der Prinzessinnen, nicht unbekannt durch seine Compositionen, trat lächelnd hinzu und entwarf mit ungläubiger Miene das Verlangte. Kaum aber war dies geschehen, ergriff das Kind mit der größten Unbefangenheit die Feder und setzte — ohne sich auch nur einmal dem Claviere zu nahen — den Baß vollkommen regelrecht unter den Menuet.

Monsieur Le Grand stand wie verwirrt, denn er wußte sehr wohl, daß er — ein alter tüchtiger Meister und Componist — das nicht zu leisten fähig wäre.

Aber das Erstaunen Aller, die Bewunderung für dies Phänomen sollte sich noch steigern.

„Nun!" — sagte jetzt Madame Adelaide von Frankreich, die sehr schön sang, — „wenn du ein solcher Tausendkünstler bist, so habe auch ich eine Aufgabe für dich."

„Sprich!" — sagte freundlich und ohne die geringste Verlegenheit Wolfgang.

„Wärst du wohl im Stande, nach dem Gehöre und ohne mich anzusehen, eine italienische Cavatine, die ich auswendig weiß, zu begleiten?"

„Unmöglich!" — rief Le Grand — „das ist vollkommen unmöglich!"

„Ich will's versuchen!" — sagte der Knabe und eilte zum Clavier.

„Madame Adelaide begann, sie sang vortrefflich und wahrhaft schön.

Das Kind versuchte einen Baß, der nicht nach aller Strenge richtig war, weil es in der That unmöglich ist, die Begleitung eines Gesanges, den man nicht kennt, genau im Voraus anzugeben. Allein sobald die Cavatine zu Ende war, bat er die Prinzessin, von vorn wieder anzufangen, und nun spielte er nicht allein mit der rechten Hand das Ganze, sondern fügte zugleich mit der Linken den Baß ohne die geringste Verlegenheit hinzu; worauf er zehnmal hinter einander Madame ersuchte von Neuem anzufangen, und bei jeder Wiederholung veränderte er den Charakter seiner Begleitung.*)

Dies war das Non plus ultra, was man je gehört — — und dies von einem siebenjährigen Kinde!

Die Begeisterung für Wolfgang war aber auch so groß, so allgemein, so gewaltig, wie sie in diesem hohen, stets so vornehmsteifen und aristokratisch nüchternen Cirkel niemals sonst vorgekommen.

Madame Victoire de France ließ ihren kleinen Wolfgang gar nicht mehr aus den Armen. Sie löste selbst eine Diamant Broche von ihrem Busen und steckte sie im Entzücken ihrem Liebling an, während ihn die Königin wie ein Vögelchen mit leckeren Bissen fütterte und der König

*) Geschichtlich wahr. Brief Grimms an einen deutschen Fürsten. Nissen: S. 47. Oulibicheff: 1. Thl. S. 20. Jahn: 1. Thl. S. 51.

sich an dem unbefangenen Geplauder des Kindes ergötzte, das die Königin ihm übersetzen mußte.

Welch' ein Abend war dies für unseren Helden! — — welche Vergötterung des Kindes! Und wie wird es sein, wenn Jahre verstrichen und der bis dahin zur größten Meisterschaft gereifte Genius wieder an dieser Stelle steht?

Fragen wir nicht. Die Weisheit des Ewigen hat mit Vaterliebe die Zukunft unserem Auge verhüllt, und über dem Haupte eines jeden Künstlers schweben in wunderbarer Verschlingung: Lorbeerkranz und Dornenkrone!

Die erſten Werke.

~~~~~~

Die Erſcheinung der Mozart'ſchen Kinder am Hofe zu Verſailles war eine ſolch' eclatante geweſen, daß man ſchon den anderen Tag in ganz Paris davon ſprach. Ein ungeheurer Zudrang zu den Concerten, welche ſie gaben, zeigte ſich als unmittelbare Folge davon, ſowie ihnen kaum Zeit und Möglichkeit blieb, allen den Einladungen nachzukommen, welche ihnen von dem hohen Adel, den Herzögen und Prinzen, Grafen und Baronen des Landes zukamen.

Am Hofe ſelbſt, mußten ſie von nun an ſehr oft erſcheinen, und Wolfgang feierte hier auf der Orgel der Schloßkapelle faſt noch glänzendere Triumphe, als auf dem Clavier. Namentlich aber nahm ſich ihrer in dieſen Sphären die Königin und Madame Victoire de France

so liebevoll an, daß die Kinder in den Appartements dieser
hohen Damen bald beinahe ebenso zu Hause waren, als
bei der Gräfin Tessé und der reizenden Espinasse,
die, im Vereine mit Grimm, ihre Hauptstützen in Paris
waren.

Vater Mozart glänzte ordentlich vor Seligkeit über
den Ruhm und die Ehre, die seine beiden Kinder, nament=
lich aber sein Wolfgang, erndteten; während sich der alte
Praktikus nicht minder über die goldenen Füchse freute, die
in Strömen in seine Kasse flossen und dem voraussichtigen,
für eine gediegene Ausbildung seines begabten Sohnes,
besorgten Vater, die Möglichkeit einer längeren Reise nach
Italien versprachen. Es regnete dabei für die Kinder kost=
bare Geschenke, und schon gleich nach ihrem ersten Auf=
treten bei Hofe, hatte Monsieur Hebert Wolfgang
fünfzig Louisd'or und eine goldene Dose vom König über=
bracht; während ihm die Gräfin Tessé ebenfalls eine gol=
dene Tabatiere und eine goldene Uhr verehrte, deren Haupt=
werth in ihrer, damals von aller Welt angestaunten, Klein=
heit bestand. Nannerl ward natürlich ebenfalls nicht
vergessen.

Da aber zugleich Jedermann ein bleibendes Andenken
an die liebliche Erscheinung dieser Kinder haben wollte, so
zeichnete sie einer ihrer Verehrer, Herr von Carmon=
telle. Wolfgang spielt auf diesem trefflichen Bilde, —
welches Herr von Mechel in Kupfer stach — Clavier,
während der Vater, hinter seinem Sessel stehend, ihn mit

der Violine begleitet und Nannerl ihm zur Seite, mit einem Notenblatte in der Hand, zu singen bereit ist.

Aber auch in der Künstlerwelt und unter den Sachverständigen fanden die Kinder — und namentlich Wolfgang — die bereitwilligste Anerkennung. Schoberth, Eckard, Hochbrucker und Le Grand, die damals berühmtesten Musiker in Paris, kamen zu dem Knaben und brachten ihm die Compositionen, welche sie herausgegeben. Aber gerade diese Freundlichkeit so tüchtiger Männer war es auch, die in dem Kinde einen Gedanken weckte, dessen Ausführung die schönste Blüthe des Pariser Aufenthaltes werden sollte.

Der April des Jahres 1764 hatte sich mit ganz ungewöhnlicher Schönheit angelassen. Der Himmel erstrahlte im reinsten Blau. Die Sonne brannte so warm und erquickend, wie sonst kaum im Mai, und über der erwachenden Erde schwebten bereits die ersten Lerchen, als wollten sie mit ihrem Auferstehungsrufe die Tausende und Abertausende von Keimen und Knospen an das Licht des Tages und zu der Lust des Lebens rufen.

Und auch die Menschen in ihren dumpfen Städten, in ihren Hütten, Häusern und Palästen fühlten diesen Auferstehungsdrang, und wer da konnte folgte ihm, und suchte — wenigstens auf Stunden — Luft, Licht und frisches Leben in der Natur.

Auch Madame Victoire de France, in der letzten Zeit sehr leidend, war diesem Rufe gefolgt, und weilte jetzt in Choisy-le-Roi.

Der Hof dagegen hatte sich, in Familienangelegenheiten, nach Schloß Meudon begeben, wo Ludwig XV. mehrere Wochen zu verweilen gedachte. Es war daher in Versailles wie ausgestorben, und auch in Paris auf den Taumel des Winters eine solche Abspannung gefolgt, daß die Familie Mozart ihre projectirte Abreise nach London auf den 10. April festsetzte.

Bei dem Könige, der Königin, Madame Adelaide, der Marquise von Pompadour und den höchsten Hof= chargen hatten sie sich, ehe sich diese nach Meudon begaben, verabschiedet; es blieb nun nur noch der letzte Besuch bei Madame Victoire und der Gräfin Tessé übrig, die sich in dem Gefolge der Prinzessin befand.

Aber gerade dieser Abschiedsbesuch war auch der, welcher die Familie Mozart — außer der Trennung von dem wackeren Freunde Grimm und der reizenden Espi= nasse — am meisten schmerzte. Die Letztere wußte dies recht gut und da sie eine abgesagte Feindin aller rührenden Scenen und Situationen war, schlug sie dem Vice=Capell= meister vor, ihn, in Begleitung Grimms, nach Choisy= le=Roi zu bringen, zumal ihr selbst eine Einladung dahin geworden. Unter der Aegide ihres heiteren Geistes ver= sicherte sie Vater Mozart — werde jeder trübe Schatten weichen.

So fuhren sie denn, wenige Tage vor der nach London festgesetzten Abreise, in zwei prächtigen Wagen nach dem königlichen Lustgarten.

O! es war nicht der einzige Abschied, den Choisy-le-
Roi gesehen! Die Geister des Schlosses wußten von gar
vielen zu erzählen: Abschiede, die unter heißen Thränen,
und andere, die unter Jauchzen hier begangen worden
waren. Aber der schönste war doch der des Großdauphin
gewesen, als diesen Ludwig XIV., aus Eifersucht über
den glänzenden Hof, den er hier hielt, nach demselben
Schlosse Meudon verwies, auf welchem sich jetzt für den
Augenblick Ludwig XV. befand.

Der Großdauphin mußte natürlich gehorchen; aber
bevor er diesen anmuthigen Ort, diesen Tempel der Genüsse,
dessen Verlust er in so hohem Grade bedauerte, verließ,
wollte er diesen prachtvollen Gemächern, diesen geräumigen
Sälen, diesen üppigen Boudoirs, diesen schönen Spring=
brunnen, diesen heimlich stillen Bosquets, diesen in aller
Farbenpracht prangenden Blumenparterres, diesen der
Liebe so günstigen Laubgängen, ja selbst den Wassern der
Seine, deren Wellen kosend den zauberischen Palast um=
spielten, ... noch ein feierliches Lebewohl sagen.

Er vereinigte daher zum letzten Male die Vertrauten
seines kleinen Hofes, und gab ihnen in einer herrlichen
Sommernacht eines der entzückendsten Feste.

Ganz Choisy-le-Roi war erleuchtet, sowohl im
Innern als auch außerhalb des Schlosses. Reich verzierte
Kandelaber waren in verschiedener Entfernung im ganzen
Parke vertheilt und warfen nach allen Seiten hin ihr Licht,
dessen Strahlen die grüne Nacht des Laubwerkes wie mit
zahllosen selbstleuchtenden Smaragden erhellte. Das

Schloß strahlte wie eine Sonne, inmitten von tausend
Sonnen. Die Hauptfacade war dabei mit Blumenguir=
landen, geschmückt, aus welchen, wie durch Zauberlicht,
Lichtstrahlen aller Farben drangen. Zwei kolossale Statuen
am Eingang der Hauptpforte stehend, hielten ungeheure
Pechpfannen in ihren Händen. Alle nach den Gärten zu
gehende Fenster standen offen und in den prächtig ge=
schmückten Gemächern sah man Kronleuchter von allen
Größen mit zahllosen Lichtern bedeckt, wie Sternenmeere
glänzen.

Dabei hatte man die Laubgänge durch farbige Glas=
kugeln erleuchtet, deren geschmackvolle Anordnung durch
das dichte Laub hindurch eine zauberische Wirkung hervor=
brachten.

Aber es fehlte auch Keiner der Auserwählten des
kleinen Hofes bei diesem Zauberfeste. Während in den
weiten Sälen beim Klange herrlicher Musik sinnige Tänze
aufgeführt wurden, sah man in den Gärten frohe, lebens=
lustige Gäste umherwandeln, die bald in Gruppen sich
vereinigten und mit Scherz und Witz sich neckten, bald
paarweise abschweifend, in die Krümmungen der Laubgänge
oder auf die Lichtungen des Parkes sich verloren.

Auch die Seine hatte ihren Antheil an dem Feste.
Ihre Ufer waren durch eine doppelte Reihe von Lampen
erleuchtet, die flammenden Perlenschnüren von unabseh=
barer Länge glichen, und deren flackerndes Licht sich in den
Wellen vertausendfachte. Die schweigenden Gewässer

durchfurchten eine Menge festlich bewimpelter Gondeln mit venetianischen Laternen geschmückt, welche in der Ferne wie feurige Kugeln aussahen oder wie Irrlichter, die im Winde hin und her schwanken. Diese Gondeln aber trugen galante Cavaliere und schöne Damen, die, indem sie mit ihren leichten Rudern in den Wellen plätscherten, ihre nächtliche Spazierfahrt durch fröhliche Gesänge oder heiteres¹, süßes Gekose würzten.

O, Choisy=le=Roi! nie hat ein Schloß einen feenartigeren Anblick dargeboten; nie ein Fest so viele fröhliche, liebenswürdige und lebenslustige Gäste gezählt!

Und doch, der Sturm der Zeiten hat auch diese Lichter gelöscht, ... hat auch diesen Jubel verweht.... hat alle jene fröhlichen Menschen in den stillen Schoß der Erde gebettet! — O Choisy=le=Roi, stolzes, prächtiges Choisy=le=Roi! der Sturm der Zeit hat auch dich mit seinen furchtbaren Flügelschlägen vernichtend getroffen. Die Axt der Revolution, die der wahnsinnige Leichtsinn deiner Herren hervorgerufen, riß deine Mauern ein, zertrümmerte deine Statuen, schlug die Bäume und Laubgänge deiner Gärten nieder.... und verwandelte deine ganze Pracht und Herrlichkeit in einen einzigen, großen Schutthaufen! Und wunderbare Fügung! von all den Großen und Vornehmen, die dort gehaust und geschwelgt, weiß die Nachwelt wenig mehr; aber sie ist noch heute stolz auf den Namen des Kindes, das wir jetzt in einer eigenthümlichen Stimmung nach Choisy=le=Roi fahren sehen.

Und in der That, der kleine Wolfgang Mozart war
noch niemals so gewaltig aufgeregt gewesen, als heute. Er
war ausgelassen, sprudelte vor kindlichen Witzen und Laune,
machte mit Fräulein von Espinasse so tolle Possen,
daß Nannerl mehr als einmal erschrocken aufschrie, in
der Furcht, der kleine Tollkopf falle dem rasch dahinflie=
genden Wagen, in dem sie saßen, hinaus. Es war gut,
daß der Vater mit Grimm, sich in der ersten Equipage
befand, er würde dem kleinen aufgeregten Maestro doch die
Zügel etwas schärfer angezogen haben. Fräulein von
Espinasse kannte indessen recht gut die Ursache dieser
Aufregung und ganz ungewöhnlichen Stimmung des Kindes.
Sie, die so viel mit berühmten Künstlern, genialen Män=
nern, ausgezeichneten Schriftstellern, Philosophen und
Dichtern umging — sie, die als der schönste Stern der
weltberühmten Pariser Bureaux d'esprit glänzte, und
deren heller, funkelnder Geist mit magischer Kraft selbst
auf einen Diderot, Grimm, Holbach, Helvetius
und d'Alembert erregend und fesselnd einwirkte — —
sie verstand natürlich das innere Leben und Weben künst=
lerischer Naturen, geistiger Größen. Ihr scharfer Blick
hatte daher längst auch in dem Kelche „der holden
Wunderblume," die ihr das Schicksal in Wolfgang
entgegengebracht, dies geheime Leben und Weben eines
genialen Geistes entdeckt; hatte erkannt, welch' schöpferische
Kraft, sich selbst noch unbewußt, hier walte; — hatte mit
dem wunderbaren Ahnungsvermögen, das nur höheren
Frauennaturen eigen ist, gewissermaßen aus der Zukunft

herausgefühlt, daß ihr Liebling einst ein von aller Welt
angestaunter Heros der Tonkunst sein werde.

Aber sie wußte auch, welche Blüthen diesem noch so
jugendlichen Genie bereits entsprossen; — sie wußte, was
für ihn dieser Tag bedeute; — sie verstand daher auch das
nervös erregte Wesen des Kindes — das tolle Uebersprudeln
dieser reichen Natur.

Und was schlossen denn auch die beiden eleganten
Saffian-Mappen ein, die Nannerl mit einer Art heiliger
Scheu auf ihrem Schooße hielt? .... Was sie einschlossen?

Die ersten Werke des siebenjährigen Knaben! ..
vier in den letzten Wochen componirte, in Paris
gestochene Clavier-Sonaten mit Violinbeglei-
tung ad libitum, wovon zwei Madame Victoire
de France, und die beiden andern der Frau Gräfin
Tessé gewidmet waren!*)

---

*)   II. Sonates pour le Clavecin,
qui peuvent se jouer avec l'accompagnement de Violon,
dédiées à Madame Victoire de France.
Par J. G. W. Mozart de Salzbourg, àgé de sept ans.
Oeuvre premier.
Von diesen beiden Sonaten befindet sich die erste in den Oeuvres
complettes de W. A. Mozart, Cahier XVII. Sonata III. pag. 67 bei
Breitkopf und Härtel, und die Sonata II. pag. 76 in demselben als
IV. Sonata. ————
Sonates pour le Clavecin,
qui peuvent se jouer avec l'accompagnement de Violon.
dédiées à Madame la Comtesse de Tessé. etc.
Par J. G. W. Mozart de Salzbourg, àgé de sept ans.
Oeuvre II.
Von diesen zwei Sonaten ist nur die erste in genannter Leipziger
Ausgabe. Cah. VII. und in der Steiner'schen im X. Heft enthalten.

O! wie begreiflich war da die fast fieberhafte Spannung des Kindes, die selige Erregtheit, die das Bewußtsein der ersten künstlerischen Schöpfung in Wolfgang hervorgerufen.

Es waren seine „ersten Werke", die er da neben sich liegen hatte; — es waren seine „ersten Werke", die er im Begriff stand, zwei hochgeschätzten, lieb gewordenen Wesen voll inniger Dankbarkeit in die Hände zu legen; — es waren seine „ersten Werke", die er der Welt gab, — die seine Zukunft, die seinen Ruhm und Ruf begründen sollen!

O! es kann Niemand, der nicht selbst Werke der Kunst oder des Wissens geschaffen und der Welt übergeben hat — das Gefühl beurtheilen, das die Brust dessen durchzittert, der sich zum erstenmale Schöpfer fühlt. Vielleicht ist dies Erstlingsprodukt deines Geistes nur ein schwacher Versuch, auf den du in späteren Jahren, wenn du — reicher an Erfahrung und Wissen — Größeres geleistet, lächelnd zurückblickst; aber dennoch wirst du nie mehr, auch nicht bei deinen besten Schöpfungen, die Seligkeit, das Entzücken empfinden, die dir dein „erstes Werk" gab.

O schöne, süße, göttliche Begeisterung! Du liegst ja nicht begründet in kindischer Eitelkeit oder in geistigem Stolze und dünkelhafter Ueberhebung! — Nein! Dich hat Gott selbst in das Herz der Menschen gegossen, damit du die begabteren Sterblichen heben mögest über den Staub der Alltäglichkeit; — damit du ihnen ein Sporn würdest

zu neuem Schaffen und Wirken, zu immer edlerem, küh=
nerem Streben!

Und so war es auch bei Wolfgang. In seinem
kindlichen Gemüthe hatte ja nicht das leiseste Gefühl
der Eitelkeit Raum. Ihm selbst unbewußt, — fast wie
von selbst, waren diese Compositionen aus seinem Innern
hervorgequollen; er hatte sie — vom Geiste dictirt — wie
spielend geschrieben, schreiben müssen. Jetzt waren sie da
und er freute sich königlich darüber, wie ein Kind über
seine Puppe, wie eine Mutter über das holde, liebe Kleine,
das ihr die Natur geschenkt.

Wolfgang dachte dabei nicht im Entferntesten an die
Welt und was sie sagen würde. Er war nur glücklich,
unendlich glücklich und toller wie je!

Aber die Welt sagte viel. Die Presse erschöpfte sich
in Enthusiasmus über den siebenjährigen deutschen Com=
ponisten, Clavier= und Orgel=Virtuosen. Man konnte sich
nicht von seinem Staunen über dies Wunder erholen.

Auch die beiden hohen Damen, welchen diese Sonaten
gewidmet waren: Madame Victoire und die Gräfin
Tessé, waren entzückt und trennten sich nur unter Thränen
von ihrem Lieblinge.

Aber sonderbar, kurz vor dem Momente, in welchem
man zur Rückfahrt einsteigen sollte, war Wolfgang ver=
schwunden:

„Ich mag das Abschiednehmen nicht!" — hatte er im
Vorbeigehen Nannerl fast brusque zugeflüstert, wie er es

immer zu thun pflegte, wenn ihn Rührung zu erfaſſen drohte, — „aber ich werde ihnen doch Adieu ſagen!"

Jetzt ſuchte man ihn, aber er war nicht zu finden. Endlich kam Grimm und bat Madame Victoire und die Gräfin Teſſé an ein offenes, nach dem Park gehendes Fenſter zu treten, die Uebrigen aber mit ihm einzuſteigen und langſam der Hauptallee entlang zu fahren.

Beides geſchah. Da rauſchten auf einmal wunderbare Töne auf. Es waren die Klänge der großen Orgel in der Park-Kapelle, die auch die Königin ſchon einmal vernommen.

Aber welch' entzückendes Lebewohl riefen ſie den Lau-ſchenden, — riefen ſie Choiſy-le-Roi zu! Erſt leiſe und faſt wehmüthig, wie ein herzlicher Abſchiedsgruß; dann gewaltig und immer gewaltiger, als ob der Schmerz wachſe, in ſeinem Wachſen aber große Gedanken, mächtige Ideen erzeuge. O! das war kein Abſchiednehmen nur von hier und denjenigen Weſen, die hier blieben, — — das war zu-gleich ein Abſchiednehmen von einem nun durchſchrittenen Paradieſe; — — ein Abſchiednehmen von dem Eden der Kindheit, das nun — erblaſſend — vor dem zurückſank, der heute ſeine erſte That gethan.

Ja! dieſe Flötentöne, ſie galten dem hinabſinkenden Frühmorgen eines heiteren Kinderlebens. Aber die Klänge werden ernſter und ernſter; da fährt es wie ein Sturm-wind dazwiſchen und ſchreit auf wie in unendlicher namen-loſer Wehmuth; aber die Wehmuth löſt ſich in eine ſüße heilige Sehnſucht, bis plötzlich, wie die Ahnung einer großen

Zukunft, gewaltige Tonmassen majestätisch aufrauschen und in erschütternden Accorden schließen.

Es ist still geworden. Choisy-le-Roi steht träumend im Abendgolde. Die Augen zweier hohen Damen blicken, von Thränen der Liebe feucht, hinüber nach dem Parke; auf der Straße nach Paris aber fahren zwei Wagen, mit stillen in sich gekehrten Menschen.

Ende des ersten Theils.